Hajo Bücken

Kimspiele

Sehen,
Schmecken, Riechen, Tasten,
Hören und Denken

Hugendubel

Eine Buchreihe herausgegeben von Stefan Wilfert

Symbole für die Kimspiele: Peter Weber
Bildvorlagen für die Seiten 19, 21 und 23:
»PA-Schnippelbuch No. 1« der Pädagogischen Aktion, München
Fotos: Ulli Schwecke
Der Turmbau zu Babel: Kunsthistorisches Museum Wien

Die Deutsche Bibliothek – CIP-Einheitsaufnahme
Bücken, Hajo:
Kimspiele : Sehen, Schmecken, Riechen, Tasten,
Hören und Denken / Hajo Bücken. – 5. Aufl. – München :
Hugendubel 1994
  (Homo ludens)
  ISBN 3-88034-222-9

5. Auflage 1994
© Heinrich Hugendubel Verlag, München 1984
Alle Rechte vorbehalten
Umschlaggestaltung: Parzhuber & Partner, München,
nach einem Motiv von Dieter Bonhorst, München
Produktion: Tillmann Roeder, München
Reproduktion: Fotolitho Longo, Bozen
Satz: Fotosatz Otto Gutfreund, Darmstadt
Druck und Bindung: Bosch-Druck, Landshut/Ergolding
Printed in Germany.
ISBN 3-88034-222-9

Vielen Dank den Mitspielern Oliver, Michaela, Doris, Sven, Andreas, Volker, Ulla, Markus, Frank, Rena und Claudia
sowie allen, die vorher schon in Seminaren und Werkstätten, auf Feten und Festen dabei waren.

Vielen Dank Ulli Schwecke für die gedankliche und die fotografische Mitarbeit.

Dank auch dem Kunsthistorischen Museum, Wien, für die Abdruckgenehmigung des Gemäldes »Der Turmbau zu Babel« von Bruegel d. Ä. und dem List Verlag, München, für die Abdruckerlaubnis der Textauszüge aus dem Roman »Kim« von Rudyard Kipling.

Hajo Bücken
Bremen, Februar 1984

Inhalt

Kims Geschichte   9

Der Mensch und seine Sinne   11

Sehkim   15

Tastkim   47

Riechkim   61

Hörkim   71

Schmeckkim   81

Denkkim   91

Zum Schluß   117

Lösungen   118

Kims Geschichte

Der englische Schriftsteller Rudyard Kipling (1865–1936) wurde in Bombay/Indien geboren. Seine beiden berühmtesten Bücher sind »Dschungelbuch« und »Kim«. In *Kim* wächst der elternlose Kimball in Indien als Straßenjunge auf. Als Dreizehnjähriger bereist er mit seinem buddhistischen Lehrmeister die heiligen Stätten. Zu Kims Lehren gehören auch Tage des Lernens bei Mister Lurgan, einem Händler. Bei diesem wohnt ein zehnjähriger Hinduknabe, der auf Kim eifersüchtig ist. Mister Lurgan dämpft Kims Überheblichkeit und des Knaben Eifersucht, indem er die beiden spielen läßt. Hier die Passage aus dem Buch:

»... Aber jetzt ist er hier in der Schule – in einer neuen Madrissah, und du sollst sein Lehrer sein. Spiel das Juwelenspiel gegen ihn. Ich werde nachzählen.«

Der Knabe trocknete sogleich seine Tränen und rannte in den Raum hinter dem Laden, von wo er mit einer kupfernen Platte zurückkehrte.

»Gib mir«, sagte er zu Lurgan. »Laß sie aus deiner Hand kommen, er könnte sonst glauben, ich hätte sie schon vorher gesehen.«

»Sachte – sachte«, erwiderte der Mann und streute aus einer Schublade unter dem Tisch eine Handvoll klirrender kleiner Dinge auf die Platte.

»Nun«, sagte das Hindukind, eine alte Zeitung schwenkend, »sieh sie dir an, Fremder, solange du willst. Zähle, und wenn nötig, befühle sie. Ein Blick genügt für mich.« Er drehte sich stolz um.

»Aber wie geht das Spiel?«

»Wenn du gezählt und gefühlt hast und sicher bist, daß du sie alle im Kopf behalten kannst, bedecke ich sie mit diesem Papier, und du mußt Lurgan Sahib die Abrechnung machen. Ich schreibe die meinige auf.«

»Oh!« Wetteifer erwachte in Kim. Er beugte sich über die Platte. Nur fünfzehn Steine lagen darauf. »Das ist leicht«, sagte er nach einer Minute. Das Kind schob das Papier über die glitzernden Steine und kritzelte in ein Rechnungsbuch, wie es die Eingeborenen gebrauchen.

»Es liegen unter diesem Papier fünf blaue Steine – ein großer, ein kleinerer und drei kleine«, sagte Kim in vollem Eifer, »vier grüne Steine sind da und einer mit einem Loch; ein gelber Stein, durch den ich hindurchsehen kann, und einer wie ein Pfeifenstiel. Zwei rote Steine sind da und – und – ich hatte fünfzehn, aber zwei habe ich vergessen. Nein! Gib mir Zeit. Einer war von Elfenbein, klein und bräunlich, und – und – gib mir Zeit...«

»Eins – zwei –« Lurgan zählte bis zehn. Kim schüttelte den Kopf.

»Hör meine Rechnung!« platzte das Kind, bebend vor Lachen, heraus. »Erstens sind da zwei Saphire mit Flecken – einer von zwei Ruttees (Gewicht) und einer von vier, denke ich. Der Saphier von vier Ruttees ist an der Kante abgebröckelt. Dann ist ein turkestanischer Türkis da, glatt, mit schwarzen Adern, und zwei mit Inschriften – der eine mit einem Namen Gottes in Gold, der andere ist querüber gespalten, weil er aus einem alten Ring ist, deshalb kann ich die Inschrift nicht lesen. Nun haben wir alle fünf blauen Steine. Vier fehlerhafte Smaragde sind da; der eine ist an zwei Stellen angebohrt und der andere ein wenig angeschliffen...«

»Ihr Gewicht?« fragte Lurgan Sahib gleichmütig.

»Drei – fünf – fünf – und vier Ruttees, denke ich. Dann ist ein Stück von altem grünlichen Bernstein da und ein geschliffener Topas aus Europa. Ein Rubin von Burma, ohne Fehler, zwei Ruttees, und ein Balasrubin, fehlerhaft, zwei Ruttees. Ein geschnitztes Stück Elfenbein aus China, eine Ratte darstellend, die ein Ei aussaugt, und zum Schluß ist da – ah, ha! – ein runder Kristall, so groß wie eine Bohne, in ein goldenes Blatt gefaßt.« Er klatschte zum Schluß in die Hände.

»Er ist dein Meister«, sagte Lurgan Sahib lächelnd.

»Huh! Er kannte die Namen der Steine«, sagte Kim, errötend. »Versuch es noch einmal! Mit gewöhnlichen Dingen, die uns beiden bekannt sind.«

Sie füllten die Platte wieder mit allerhand Krimskrams, den sie aus dem Laden und sogar aus der Küche zusammensuchten, und jedesmal gewann der Knabe zu Kims größter Verwunderung.

»Binde mir die Augen zu, laß mich nur einmal mit den Fingern fühlen, und auch dann sollst du, mit offenen Augen, hinter mir zurückbleiben«, forderte er Kim heraus.

Kim stampfte vor Ärger mit dem Fuß, als der Knabe wirklich gewann.

»Wären es Menschen oder – Pferde«, rief er, »so würde ich es besser machen. Dies Spiel mit Zangen und Messern und Scheren ist zu gering.«

»Lerne erst – lehre später«, sagte Lurgan Sahib.

»Ist er dein Meister?«

»Sicherlich. Aber wie wird's gemacht?«

»Indem man es so oft macht, bis man es gut macht. Es ist wert, daß man es lernt.«

(Rudyard Kipling, Kim; deutsch von Hans Reisinger, dtv/List München 1981)

Der Mensch und seine Sinne

Sinnliche Spiele

Was immer der Mensch mit seinen Sinnen auch noch anfangen mag, er kann mit ihnen spielen. Das tut er, sehr oft, auch unaufgefordert. Was treibt mich eigentlich, die Füße derart voreinander zu setzen, daß die Schuhe nicht die Nähte zwischen Pflasterplatten berühren? Was läßt mich die Augen wechselnd zukneifen, so daß die Gegenstände vor meiner Nase von links nach rechts tanzen? Weshalb schaue ich mich in neuer Umgebung neugierig um, und warum fasse ich Dinge an? Wieso gehe ich auf Körpererkundung, vom kleinen Zeh bis in die letzte Haarspitze hinauf?

Weil es einfach Spaß macht, die Sinne in jeglicher Art und Weise einzusetzen. Weil sinnlich Konkretes mir näherkommt als das meiste Abstrakte. Mit den Sinnen zu spielen, ist umfassendes Spiel. Jeder kann mit seinen Sinnen spielen – und tut es von klein auf. Ist ein Sinn behindert, tun die anderen ihre Dienste noch umsichtiger. Also lassen sich Spiele mit unseren Sinnen für wirklich jeden Menschen finden, sei er klein oder groß, jung oder alt, behindert oder gesund.

Mit den Sinnen nehmen wir uns und unsere Umgebung wahr. Kimspiele sind Spiele zur Wahrnehmung, Spiele, in denen Augen, Ohren, Nase, Gaumen, Hände und Gehirn Spielmittel sind, viel mehr braucht man nicht. Für mich ist das Faszinierende an Kimspielen die Bandbreite – der Möglichkeiten, des Alters, der Spielerzahl, die Unabhängigkeit vom Spielort. Selten werden aus Kimspielen Wettbewerbe, meist geht es um konkurrenzloses und weitgehend von starren Regeln freies, lustvolles Spiel.

Ich spiele gerne freie, konkurrenzlose Spiele – was nicht heißt, daß ich mir nicht genauso gerne eine harte Doppelkopfnacht um die Ohren schlage. Außerdem beschäftige ich mich auch beruflich mit Spiel. Dabei ließ sich sowohl im Freundeskreis als auch in Bildungsfreizeiten oder Seminaren feststellen, daß meist nur ein sehr begrenztes Repertoire an Kimspielen vorhanden ist, und das ist schade bei einer Spielform, die sich beinahe zu jeglicher Gelegenheit anbietet.

Nachdem ich sehr oft nach einer Sammlung solcher Spielideen gefragt worden bin und keine nennen konnte, es gibt meiner Kenntnis nach keine umfassendere, habe ich angefangen, bekannte und unbekannte Variationen über das Thema Kimspiele zusammenzutragen, neue zu entwickeln und auszuprobieren.

Es entstand ursprünglich als Broschüre für pädagogische Insider. Als der Verlag mich fragte, ob ich nicht ein Buch für alle daraus machen könnte, habe ich sofort ja gesagt.

Nach einiger Arbeit, weiteren Entwicklungen und vielen Tests auf Partys, in Seminaren, bei Spielfesten und so einfach zwischendurch liegt es nun hier, das Buch *Kimspiele*. Wir, die wir daran gearbeitet haben, hoffen, daß es Ihnen, die Sie es jetzt in der Hand haben, auch gefällt. Würde uns freuen!

Hajo Bücken

Sehkim

Die Augen geben uns die Möglichkeit, unsere Welt optisch zu erfahren, zu entdecken. Wir sehen vieles – und vergessen es gleich wieder. Manches hinterläßt einen bleibenden Eindruck. Schauen wir genauer hin, eröffnen sich neue Perspektiven. Machen wir die Augen zu, sind dennoch Bilder vorhanden, die wir abrufen können.

Mal sehen ...

Menschen im Raum

Nehmt Platz, macht es euch bequem. Laßt die Augen durch den Raum schweifen, schaut euch die Mitspieler an. Wir spielen miteinander. Einer oder zwei verlassen den Raum, kommen wieder herein – und müssen Veränderungen erkennen. Haben sie ihre Aufgabe gelöst, gehen die nächsten Spieler vor die Türe.

Wir können die Sitzfolge im Kreis verändern, also wechseln zwei ihre Plätze. Es kann auch bei einer größeren Runde einer ganz verschwinden, sich verstecken. Der Sitzkreis wird geschlossen.

Kleidertausch

Zwei Mitspieler tauschen Kleidungsstücke – einen Schal, eine Jacke, einen Pullover. Eine kleine Gruppe von Spielern verkleidet sich. Wir schauen sie uns genau an und schließen dann die Augen. Jetzt tauschen sie Stücke ihrer Verkleidung aus. Schwierig wird es, wenn wir uns an Details wagen, etwa zwei Brillen austauschen, Schuhe wechseln, Tücher ablegen oder umbinden.

Haltungstausch

Es kann sich jemand auch nur anders auf seinen Stuhl setzen. Einfach herauszufinden, daß einer rittlings auf seinem Stuhl sitzt, die Lehne nach vorne weisend. Schwierig herauszufinden, daß ein Mitspieler Hosenbeine aufgekrempelt, die Beine übereinandergeschlagen hat...

Verändert Frisuren, Schmuckstücke, Schminke – wie Augenbrauen oder Lidschatten. Malt jemandem einen *Schönheitsfleck* auf.

Ganz normal

Zum Auftakt der Spiele in diesem Buch das *ganz normale Kim:* Schauen Sie sich eine Minute lang – nicht länger – das Foto an und prägen Sie sich die Dinge ein. Schlagen Sie die Seite um und zählen Sie so genau wie möglich auf, was Sie gesehen, behalten haben – die Gegenstände, ihre Anzahl, ihr Aussehen, ihre Eigenschaften. Sie können das auch aufschreiben.

Dann zurückblättern und – was haben Sie alles nicht entdeckt?

Fällt dir etwas auf?

Betrachten Sie in Ruhe die Illustration auf der gegenüberliegenden Seite. Legen Sie auf diese Seite hier ein Blatt und bedecken Sie damit die einzelnen Fragen. Dann rutschen Sie das Blatt immer eine Frage weiter nach unten und beantworten die gestellten Aufgaben.

Was sieht man?

Nur Hunde?

Welche Rassen?

Gibt es doppelt vertretene Rassen?

Wie viele Hunde stehen, sitzen, springen?

Trägt ein Hund einen Gegenstand?

Tut einer etwas Besonderes?

Welchen Hund findet wohl der und der Mitspieler am nettesten/am scheußlichsten?

Es gibt noch mehr zu sehen

Versuchen Sie, noch andere Kriterien herauszufinden, etwa die Haarlänge, die Kopfform...

Beim Spiel in Gruppen legt man das Buch so hin, daß alle sehen können. Tragen Sie dann die Ergebnisse zusammen – und schauen Sie danach noch einmal richtig hin.

 # Kannst du kucken?

Das Spielchen geht weiter. Einer von Ihnen kann auch Spielleiter sein und Fragen zu der Illustration stellen. Zu den hier unten abgedruckten Fragen gibt es noch eine Menge anderer...

Achtung! Spielen Sie allein, sollten Sie wieder mit einem Papier die Fragen verdecken.

Was sind das für Tiere?

Kommen sie bei uns vor?

Sind Tiere doppelt vertreten? Welche?

Sind alle Säugetiere? Welche nicht? Was sind die denn?

Wie viele Tiere sind es?

Sind alle natürlich gezeichnet?

Ist das eigentlich ein Kamel oder ein Dromedar?

Vor welchem Tier haben wohl die meisten Mitspieler Angst?

Kennen Sie die Heimat dieser Tiere?

21

Schon schwieriger

Noch einmal eine Illustration zum Entdecken. Auch hier wieder einige vorgegebene Fragen, andere lassen sich wunderschön selbst entwickeln:

Gibt es für die meisten der gezeigten Gegenstände einen Sammelbegriff?

Was paßt dann nicht dazu?

Wie viele Werkzeuge sieht man?

Sind die Größenverhältnisse richtig?

Steht etwas auf dem Kopf?

Gibt es Hartes und Weiches?

Was könnte man auf einer Reise gebrauchen?

Was ist alt und was neu?

Was haben Sie selbst davon zu Hause?

Für die Großen ruhig schwer

Je nachdem, wie man spielt, kann man die Vorlage auch gegen eine Wand projizieren. Die Schwierigkeit der Fragen läßt sich dem Spielkreis angemessen variieren. (An welchen Geräten befindet sich Glas, an welchen Holz...?)

Stellen Sie sich doch selbst Sehkim-Vorlagen zusammen.

Perspektive verloren?

Stimmt eigentlich an diesen Illustrationen alles? Sind die gezeigten Gegenstände gleich groß? Vermitteln die Zeichnungen unserem Auge einen Eindruck, der in der Realität nicht stimmt? Woher kommt das?

Kennen Sie selber auch solche Phänomene aus der alltäglichen Welt?

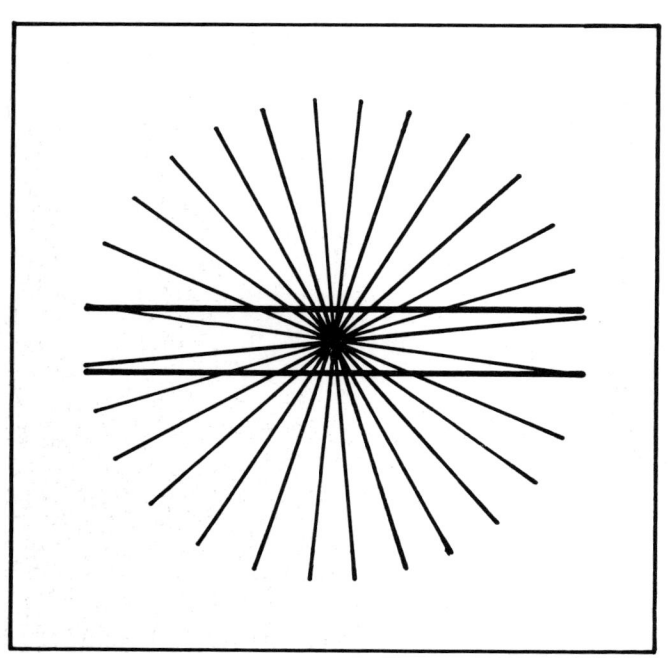
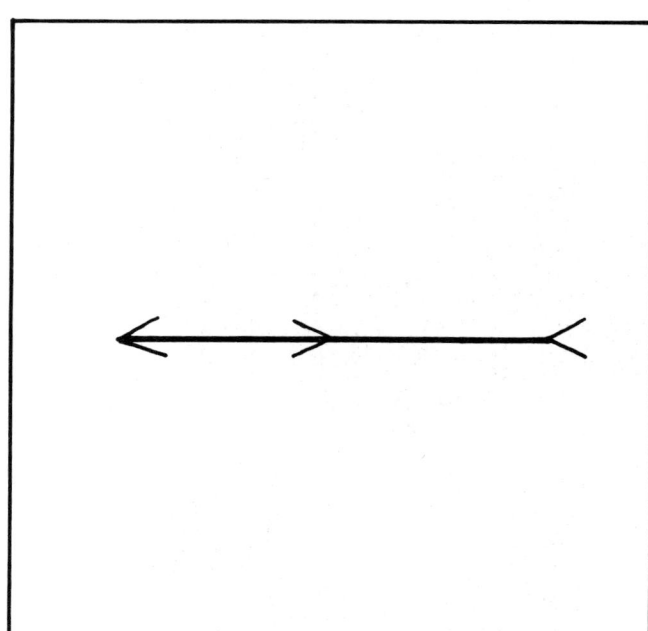
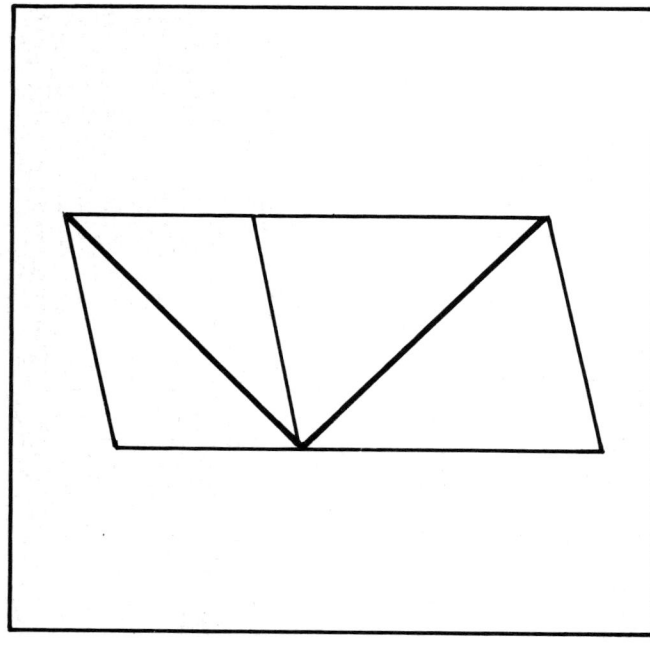
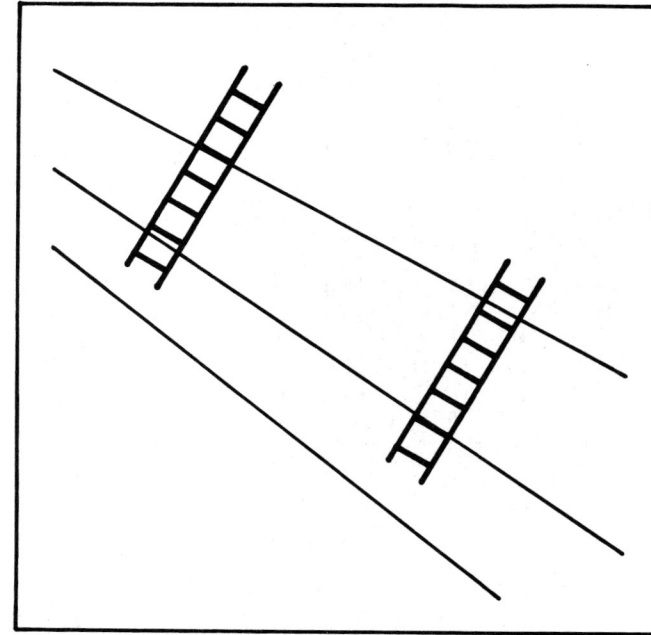

Das Problem steckt im Detail

Mit starken Vergrößerungen oder Verkleinerungen läßt sich herrlich spielen. Unsere Augen *kennen* viele Gegenstände in der ihnen eigenen Form oder Größe. Werden die gleichen Gegenstände nun *ungewohnt* gezeigt, ist es oft sehr schwierig herauszufinden, um was es sich eigentlich handelt.

Lösungen auf Seite 118.

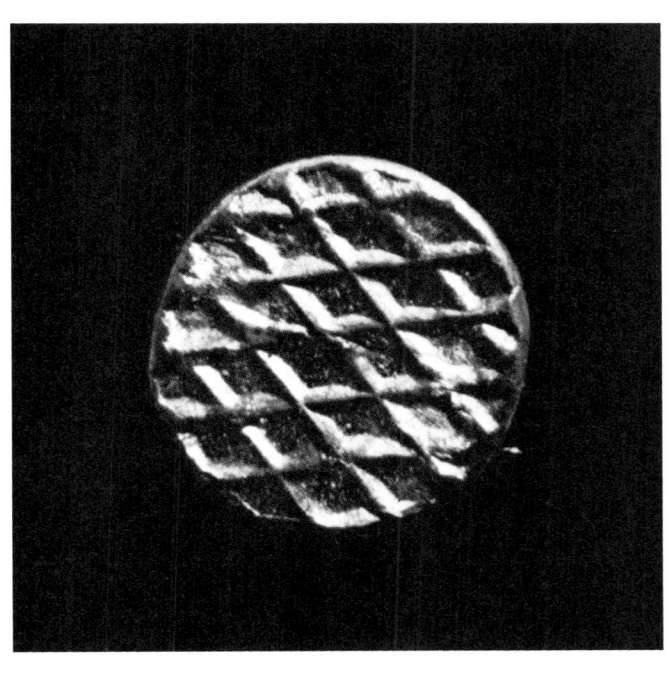
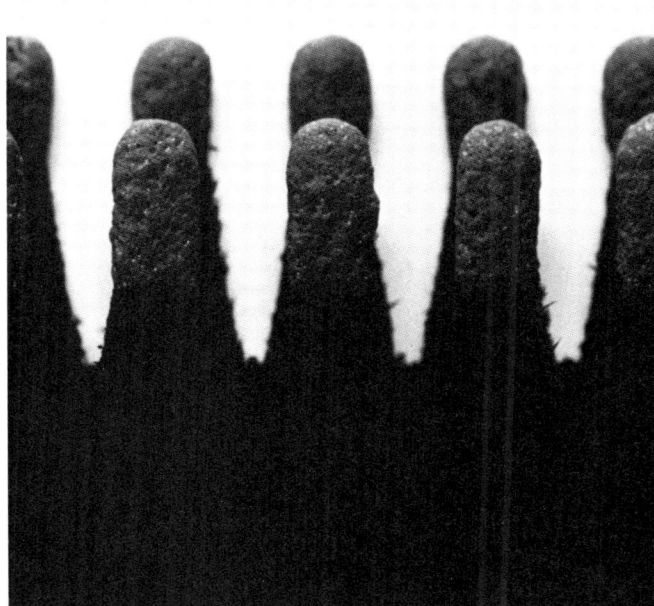

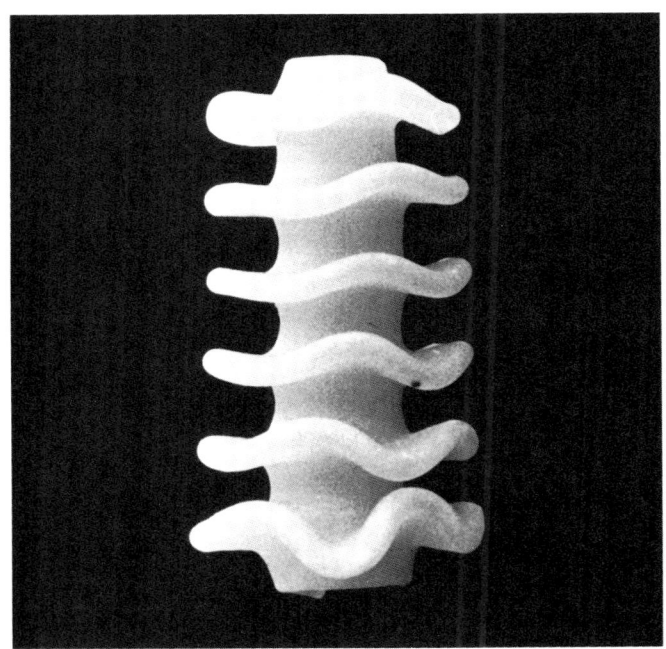

# Sehenschätzen

Sie sitzen irgendwo im Kreis herum – am Tisch nach einem gemeinsamen Abendessen, in einer Kneipe – oder auf Sofas und Sesseln, ohne den Knopf für die Mattscheibe zu betätigen.

Einer stellt spontan sein gläsernes Sparschwein mit dem Kleingeld auf den Tisch und sagt:

»So, nun schaut es euch an, ganz in Ruhe. Dann deck' ich das Schwein zu; ihr schätzt, wieviel Geld darin ist.« Es wird reihum geschätzt, danach mit Hallo das Schwein geschlachtet. Wer ist am nächsten an der Summe Geldes, die tatsächlich im Schwein steckt?

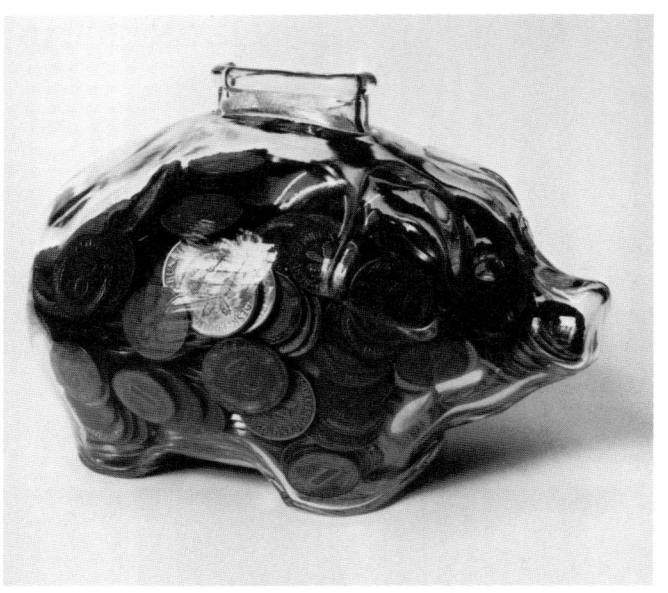

Hülsen- und andere Früchtchen

Füllen Sie in drei Gläser Erbsen, Bohnen und Linsen. In welchem Glas befindet sich die größte Anzahl von Hülsenfrüchten? (Ha ha, weiß doch jeder!) Und wie viele Erbsen, Bohnen, Linsen könnten es sein?

Wie viele Kartoffeln sind in einem Topf oder in der Klarsichtpackung? Wie viele Reiskörner gehen in ein Schnapsglas?

Schauen Sie sich eine Pflanze an. Schließen Sie die Augen und tippen Sie reihum auf die Anzahl der Blätter oder Blüten. Wie viele Rippen haben die Heizungskörper zusammen?

Suchtsichten

Wie viele Gläser und Flaschen stehen auf dem Tisch? Wie viele Raucher gibt es in unserer Runde – und wie viele Kippen haben sie schon gemeinsam produziert?

(Mein Gott, raucht ihr viel!)

Blaue Augen

Sind eigentlich alle Augen- und Haarfarben in der Gruppe vertreten? Wie viele *blaue Augen* gibt es unter uns?

Haben wir eigentlich einen oder mehrere Linkshänder im Spielteam? Schon drauf geachtet? Linkshänder nichts verraten!

Ich sehe was, was du nicht siehst...

Ein altes Spiel; die meisten von uns kennen es als vergnügliche Beschäftigung für Kinder, die ihre Eltern zur Weißglut treiben wollen. Doch für einen Spaziergang, eine lange Bahn- oder Autofahrt fast unentbehrlich.

Ich sehe was, was du nicht siehst und das ist grün.

Die Wiese da.
Nein, näher.

Die Bank da am Weg?
Nein; es bewegt sich.

Was? Bewegen tun sich hier nur wir!
Stimmt.

Ach so. Dein Schal?
Nein, tiefer.

Ich habs, Muttis Tasche.
Ja. – Du bist dran.

Also gut. Ich sehe was, was du nicht siehst, und das ist blau...

(und wenn sie nicht gestorben sind, dann spielen sie noch heute!)

Bloß keine Langeweile!

Spiele für lange Reisen sollen die Langeweile vertreiben. Sie können gleichzeitig dafür sorgen, daß man sich die nähere und weitere Umgebung genauer anschaut. So läßt sich nach verschiedensten Schildern fragen – Autoschildern, Verkehrs- und Hinweisschildern, fremdsprachigen Aufschriften. Wer schätzt die Anzahl der Stufen der Treppe dieser Kirche am besten? Wie viele Schritte sind es wohl bis zur nächsten Wegkreuzung?

Menschenspiel

Fahren Sie gemeinsam in einem Bahnabteil, einem Bus oder auf einem Schiff, so sitzen, stehen und laufen um Sie herum Menschen. Diese kann man beschreiben, entweder direkt (Haarfarbe, Kleidung, Größe) oder durch Vergleiche (Mein Mensch sieht aus wie eine Mischung aus Zwerg und Belmondo/Mein Mensch sieht aus wie Tante Gerda in zwanzig Jahren...).

Buchstabenspiel

Landschaften, die man von weitem sieht, nehmen auf große Entfernungen die komischsten Formen an. Auch mit diesen Mischungen aus Realität und Phantasie läßt sich spielen – etwa, wenn man die Formen in Buchstaben übersetzt: Ich sehe rechts vorne ein U. Ist es die Schneise da im Wald? Nein. Ist es... Nein, nein, nein. Ja, was ist es denn dann? Der Kirchturm da vorne. Der soll wie ein U aussehen? Du spinnst ja wohl. Wieso – ich habe mir das U doch auf den Kopf gestellt ausgedacht. Aha! (Wem fällt da schon noch mehr ein!)

Kimory

Die Memory-Spiele sind natürlich auch Kimformen. Da läßt sich vieles zusammen ersinnen und erspielen. Es lassen sich aus fast allen vorhandenen Dingen oder menschlichen Attributen Paare erstellen. Je nach Alter der Spielgruppe kann der Grad der Schwierigkeit immer weiter gesteigert werden. Man schneidet einfach Kärtchen aus und bemalt oder beklebt sie mit ausgeschnittenem Material, verdeckt sie dann und mischt gut. Jeder Spieler darf reihum zwei Kärtchen aufdecken. Wer ein Paar zusammenstellen kann, ist noch einmal an der Reihe.

Gags einbauen

In den normalen Memoryspielen gehören zumeist zwei gleiche Kärtchen zusammen. Das können wir hier weiterentwickeln. Ein paar Beispiele:

Für Kinder – Neger/Negerkuß; Nadelbaum/Nadel; Bauer/Vogelbauer; Birne/Glühbirne; *aber auch:* Hammer/Nagel; Lampe/Lichtschalter; Würfel/Spielfiguren; Waschbecken/Badewanne ...

Für Größere – Bäume/Blätter; Tiere/Spuren; Flaggen/Nationaldenkmäler; Streichholz/Pfeife; Sperrschild/Einbahnstraßen-Schild; Pferd/Sattel; symbolische Gegensätze; geschlechtliche Gegensätze; Schauspieler/Schauspielerinnen; Strandbild/Meerbild; Sonne/Höhensonne ...

Noch mehr Gags

Noch witziger wird Kimory, kombiniert man Begriffe zu Pärchen, läßt jedoch in den Abbildungen große Verfremdungen zu. Auch dazu ein paar Beispiele:

Zahn/Schlagbohrmaschine; Rose/Stachel; Windmühle/Windhund; F. J. Strauß/Straußenvogel; roter Kopf/Luftballon; Klebstoff/Autoreifen (von Klébèr); Hafen/zwei Ringe; Baby/Straßenkreuzung ...

Träume und Wünsche

Jeder Mitspieler schreibt auf ein Kärtchen seinen Namen und auf ein anderes einen großen Wunsch. Die eigenen Karten dürfen bei diesem Spiel nicht selbst benutzt werden.
Eine Variante ist der Menschdrilling. Jeder Mitspieler fertigt für sich drei Karten an: eine mit dem Namen, eine mit einer positiven, die dritte mit einer negativen Eigenart. Namen und Eigenarten werden vor den Spieler offen hingelegt, zu dem sie (vielleicht auch nur vermeintlich) passen. Am Ende wird es dann einiges zu erklären und vielleicht auch zu glätten geben ...

Dunkel war's

Im verdunkelten Raum oder nachts draußen läßt sich wunderschön mit Taschenlampen oder mit einer glühenden Zigarette malen. Bei den Bildern hier unten hat der Fotograf natürlich länger belichtet, so daß die Leuchtzeichen weiter sichtbar sind. Auch das gibt eindrucksvolle Bilder. Sinn des Spiels kann es aber auch sein, das Gemalte einfach nur zu erkennen.

Blickbegrenzung

Oft ist die Rede von der Erweiterung des Blickfeldes, des Horizonts. Erstaunliches geschieht jedoch auch, dreht man das Ganze einfach herum. Wir alle kennen aus dem Kunstunterricht die »Bildbetrachtung«. Bei dieser Art Lernen habe ich mich, ehrlich gesagt, oft gelangweilt. Begrenzt man jedoch den eigenen Blick durch ein Hilfsmittel, finden sich auf Bildern, auf Fotografien und Illustrationen Details, die man bis dato einfach nicht wahrgenommen hat.

Machen Sie die Probe aufs Exempel: Schneiden Sie aus einem Blatt dünner Pappe (nicht durchscheinendes Papier tut's genauso) einen Kreis oder ein Quadrat heraus. Mit dieser Blicköffnung erwandern Sie sich nun ein Bild, etwa das hier rechts abgedruckte. Sie schieben das Blatt hin und her und produzieren auf diese Weise selbst Ausschnitte. Solch ein Ausschnitt konzentriert nun das Auge viel stärker auf ein Detail, als ein Gesamtblick dies vermögen könnte (durch vielfache Ablenkung).

Zusammenschau

Im Spiel zu zweit oder zu mehreren nimmt sich einer der Spieler Bild und Ausschnitt alleine vor und beschreibt nun äußerst genau alles, was er auf dem gewählten Ausschnitt sieht. Dann wird das Bild auf den Tisch gelegt; der oder die anderen Spieler suchen nun ohne Ausschnittsbegrenzung den vorher beschriebenen Ausschnitt. Da das ganz schön schwer ist, ist's auch ein ganz schönes Spiel.

Menschenerwanderung

Zur Blickbegrenzung ist jede Art Abbildung möglich, sei es nun ein Gemälde wie der Turmbau zu Babel (rechts), eine Zeichnung oder ein Foto. Eine weitere, noch intensivere Dimension gewinnt dies Spiel, nimmt man sich Menschen-Porträts vor. Da lassen sich vielerlei Spuren finden, die das Leben auf diese Gesichter gezeichnet hat. – Trauen Sie sich ruhig auch an das eigene Gesicht. Eine beredte Sprache sprechen Hände. Und schließlich: Haben Sie ein profiliertes Profil?

Raumlupe

Drehen Sie aus einem Blatt Papier ein Röhrchen und setzen Sie es wie ein Fernrohr an ein Auge an. Das andere wird zugekniffen. Nun nehmen Sie Räume unter die Lupe, das eigene Zimmer, den Raum, in dem Sie sich gerade aufhalten. Sie werden überrascht sein über die vielen detaillierten *Ansichten*, die es zu entdecken gibt. Oder schauen Sie einmal mit dem Lupenröhrchen aus dem Fenster auf die Straße. Verfolgen Sie einen Menschen, der dort unten geht. Sie werden sich vorkommen wie in einem Krimi.

Pieter Bruegel (Brueghel) der Ältere: *Turmbau zu Babel* (1563);
Wien, Kunsthistorisches Museum

Ein Auge riskieren

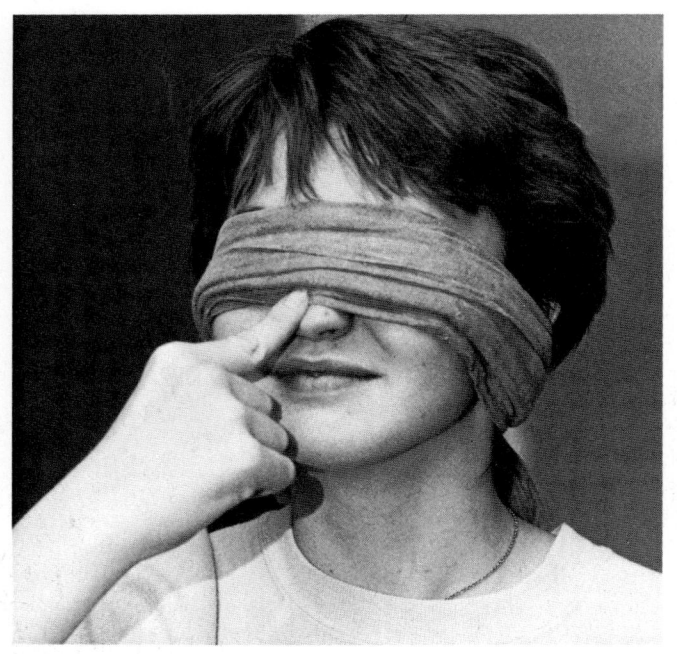

An den alltäglichen Kleinigkeiten läßt sich gut nachweisen, wie sehr wir doch auf beide Augen angewiesen sind. Man versuche nur einmal, ein Auge zuzukneifen und sich so eine Tasse Kaffee einzuschenken. Besser vorher eine Wachsdecke auf den Tisch, es geht nämlich mit ziemlicher Sicherheit daneben. Wie schön aber auch hier, daß sich aus menschlichen Unzulänglichkeiten faszinierende Spiele entwickeln lassen.

Fingerzeig

Strecken Sie die Arme aus und bringen Sie nun in einer durchgehenden Bewegung die beiden Zeigefinger zur Berührung. Schwer. Und wer schafft's mit einem geschlossenen Auge? Wer schafft es *einäugig*, mit dem Zeigefinger genau auf der eigenen Nase zu landen? Wem gelingt dies bei einer *fremden* Nase? Zwei Spieler stehen sich gegenüber und sollen mit ihren Zeigefingern ein Kreuz bilden. Schließlich benutzen vier Spieler je eine Hand zur Bildung eines Kreuzes aus Zeigefingern – alles aber mit einem zugekniffenen Auge.

Augentanz

Stellen Sie sich ans Fenster und weisen Sie mit dem Zeigefinger auf ein Fenster des Hauses gegenüber. Nun kneifen Sie das linke Auge zu und weisen auf das linke Fenster. Halten Sie danach den Finger in die gleiche Richtung und kneifen Sie das rechte Auge zu: Der Zeigefinger tanzt zum rechten Fenster.

Blinzelei

Zwei Spieler schauen sich an, die anderen beobachten. Der eine muß den anderen ganz vorsichtig, fast unsichtbar, anblinzeln. Blinzelt der andere zurück, ohne daß die Zuschauer es bemerken, ist die Aufgabe geschafft. Schreien die anderen aber »Halt!«, weil sie das Blinzeln gesehen haben, kommt ein neues Pärchen an die Reihe. Aber daß nicht gepfuscht wird!

Wie lange können sich zwei Spieler anschauen, ohne zu blinzeln?

Greif ruhig zu

Kleine Gegenstände (Streichholz, Glasmurmel) werden auf den Tisch gelegt, und man versucht, sie mit nur einem offenen Auge aufzuheben. Desgleichen: Radio einschalten, sich Feuer geben, die Türklinke herunterdrücken...

Ganz schön blind

Ist unser zentraler Orientierungssinn, das Sehen, ausgeschaltet, fühlen wir uns unsicher. Wir brauchen schon großes Vertrauen, uns *blind* in die Hände anderer zu geben. Doch ist es auch ein prickelndes Gefühl, eine Art Abenteuer.

Einem Spieler werden die Augen verbunden. Nur mit den Stimmen führen wir ihn durch den Raum, indem wir ein Summen an- und abschwellen lassen. Dazu muß es natürlich ganz still sein. Mittels des sich ständig verändernden Summtones kann man den Spieler auch bestimmte Handlungen ausführen lassen, etwa sich an einen Tisch setzen, sich ein Glas einschenken und es austrinken.

Sehender Partner

Durch Partnerbildung wird das gleiche Spiel einfacher und intensiver. Zu jedem Blindspieler gesellt sich ein sehender Führer. Alle Komandos gehen nur von diesem aus, die anderen sind stumme Zuschauer. Weiterentwicklungen sind das Stabführen und die Schreierei. Beim Stabführen werden einem Spieler die Augen verbunden. Er nimmt einen Stab in die Hand und muß diesen laut Anweisung seines sehenden Partners durch ein Labyrinth von aufgestellten Stäbchen führen, ohne daß eines umfällt oder berührt wird. Hier darf der Sehende natürlich verbale Anweisungen geben. Bei der Schreierei werden zwei Spielern die Augen verbunden. Sie müssen sich im Raum finden, wobei jeder von einer Gruppe Sehender durch Schreie geführt wird.

Keine Tricks

Bei den meisten *Blindspielen* wird von der spielenden Gruppe Ruhe und Sensibilität verlangt. Auf einen einzelnen Partner kann sich ein Geführter verlassen. Sehr viel schwieriger wird für ihn die Situation, soll er sich auf die Signale vieler, etwa Summen, konzentrieren. Deshalb muß die Gruppe ihre Signale auch gut koordinieren. *Fiese Tricks* sollten bei diesen Spielen auf keinen Fall unternommen werden; dadurch kann man Menschen das Spielen ein für allemal abgewöhnen.

Jeder spielt mit

Reihum schätzen nun die anderen Spieler, um welchen Menschen aus ihrer Mitte es sich handeln könnte. Sie können ihre Einschätzungen auch erklären. Nach dieser Runde nennt der erste Spieler den Menschen, dessen Bild er versucht hat zu formen. Daran kann sich eine Interpretation (auch der gesamten Runde) anschließen, zu der jedoch niemand gezwungen werden sollte. Auch derjenige, der mittels der Begriffe ausgedrückt worden ist, kann seine Selbsteinschätzung mit der gelegten vergleichen. Danach kann eine zweite Runde beginnen.

Menschenbilder

Für dieses Spiel brauchen wir 8 mal 16 Karten, die vorher angefertigt werden müssen. Schreiben Sie die nebenstehenden Begriffe auf Pappkärtchen (dann kann man auch mit verschiedenen Farben für jede Kategorie arbeiten).

Ein Spieler beginnt damit, je eine Karte aus jeder Kategorie auszuwählen und diese Karten auf dem Tisch zusammenzustellen. Das kann in einer Kreisanordnung geschehen, jedoch auch in einer Rangfolge – bei der also die wichtigste Aussage ganz oben liegt, die unwichtigste unten. Die ausgelegten Karten geben die Eindrücke oder Kenntnisse des Spielers von einem anderen wieder. Diesen anderen gilt es zu finden.

Variationen eines Themas

Menschenbilder lassen sich in vielen Versionen spielen. So können sich zwei Spieler gegenseitig ihr Bild voneinander legen. Sie können auch versuchen, die jeweils 16 Karten einer Kategorie in einer Rangfolge zu ordnen. Alle Spieler können gemeinsam ein Bild von einem aus ihrer Mitte formen. Man kann eine Sorte Karten ganz aussondern. Außerdem ist es überhaupt kein Problem, weitere Kategorien von Spielkärtchen festzulegen und anzufertigen. Wer sich ein richtig schönes Menschenbilder-Spiel zusammenstellen will, der schreibt nicht einfach nur die Begriffe auf Kärtchen, sondern sucht aus Illustrierten Bilder der benötigten Begriffe und klebt diese auf die Kärtchen.

Tiere:	*Pflanzen:*	*Farben:*	*Bauten:*
Elefant	Efeu	schwarz	Turm
Affe	Eiche	blau	Gartenlaube
Schlange	Kaktus	grün	Fachwerkhaus
Büffel	Rose	rot	Hochhaus
Schmetterling	Farn	orange	Windmühle
Adler	Moos	gelb	Blockhütte
Giraffe	Fl. Lieschen	weiß	Hochstand
Eichhörnchen	Liane	farblos	Mauer
Gockel	Trauerweide	lila	Zaun
Eule	Hanf	braun	Betonklotz
Hamster	Weizen	bunt	Fahnenstange
Löwe	Pappel	grell	Spalier
Mustang	Brennessel	gestreift	Baugerüst
Delphin	Pilz	gepunktet	Kunstobjekt
Spinne	Taubnessel	kariert	Antenne
Schnecke	Buche	grau	Dachgarten

Länder:	*Instrumente:*	*Materialien:*	*Speisen:*
Italien	Geige	Stein	Obst
Deutschland	Schlagzeug	Seide	Eis
Indien	Trompete	Filz	Blutwurst
Japan	Stimme	Marmor	Sauerbraten
Holland	Gitarre	Holz	Spaghetti
Grönland	Becken	Erde	Sülze
USA	Klavier	Wolle	Chateaubriand
Nicaragua	Triangel	Leinen	Schmierkäse
Kenia	Spinett	Metall	Brot
Neuseeland	Baß	Glas	Eintopf
Türkei	Orgel	Kunststoff	Quark
Griechenland	Flöte	Porzellan	Sahnekuchen
Brasilien	Kazoo	Ton	Salzgurke
Mauritius	Taktstock	Gips	Pfannkuchen
Kuba	Synthesizer	Frottee	Frikadelle
Madagaskar	Recorder	Leder	Fische

Ich gestern...

Wenn man sich die Fotos von früher so anschaut, gerät man unweigerlich ins Sinnieren. Ich weiß noch, damals war gerade das und das... Legen Sie doch zwei Fotos nebeneinander: das von vor zehn Jahren und das neueste. Handelt es sich um ein Porträt, schauen Sie sich die Lebenslinien im Gesicht genau an und vergleichen Sie. Ist es eine Gesamtaufnahme, läßt sich die Körperhaltung (Körpersprache!) vergleichen. Untersuchen Sie die Stimmung auf den Bildern: Läßt sich auf ihnen erkennen, welche Lebensumstände Sie gerade beeinflußten? Vergleichen Sie Ihre Bilder mit denen der Freunde. Untersuchen Sie die Mode, die Frisuren...

Ich heute...

Ganz schön alt ist man geworden! Doch, das eigene Gesicht sieht auch irgendwie fertiger, reifer aus. Man entwickelt sich eben...

Vergleichen Sie auch Fotos, zwischen denen nicht lange Jahre, sondern prägende Ereignisse oder besondere Situationen liegen: Ich vor und nach der großen Reise, vor und nach der Geburt eines Kindes, als Schüler, als Student oder Lehrling, als Berufstätiger.

Ein schönes Spiel: Fertigen Sie ab sofort einmal im Monat ein Foto von sich an. Am Jahresende versuchen Sie, Veränderungen festzustellen – und machen einen Kalender daraus...

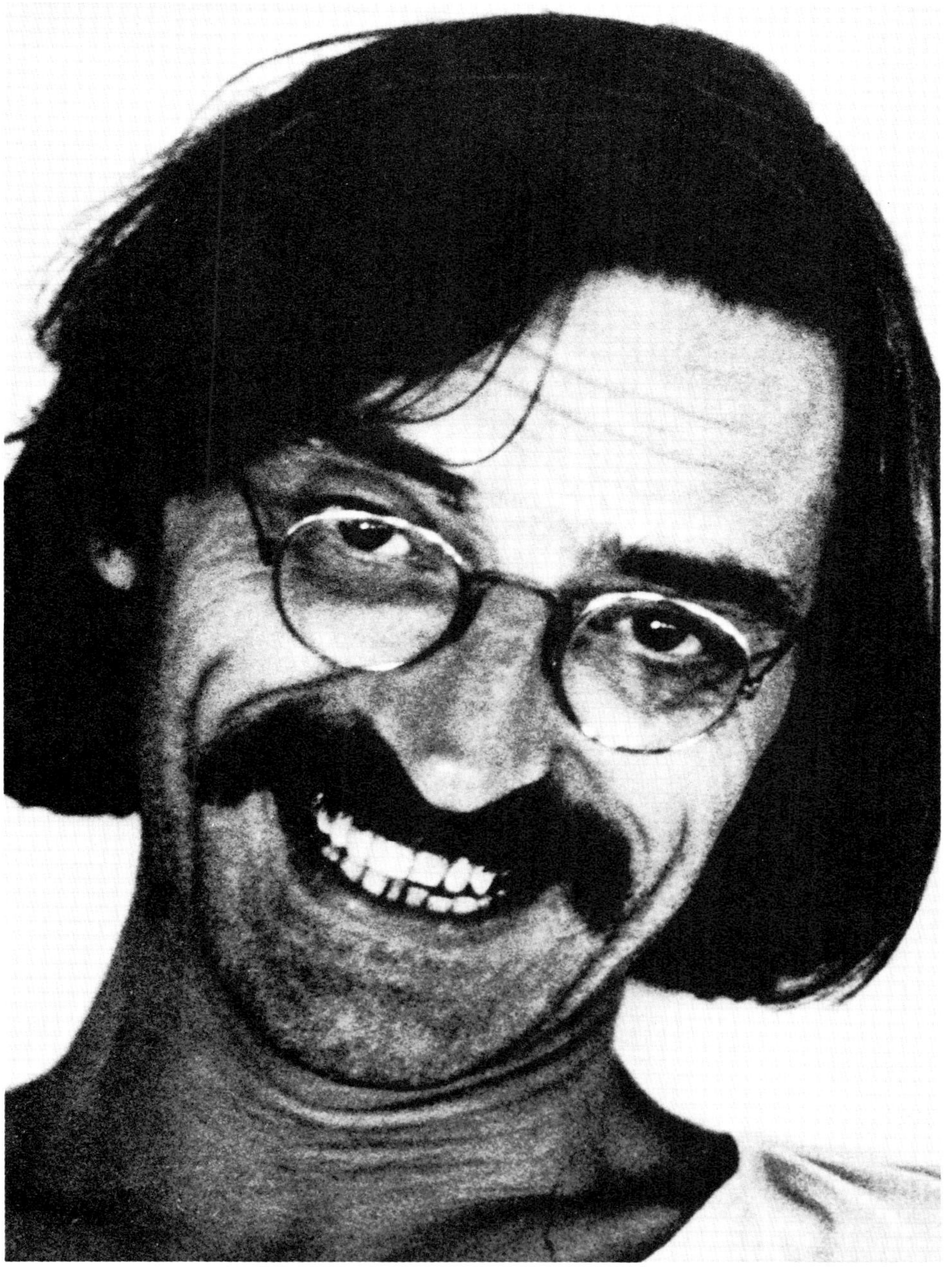

Schaufenster

Jeder kennt Schaufenster-Puppen, diese lieblosen Dinger in ihren meist unnatürlichen Haltungen. Wir stellen jetzt zunächst einmal eine solche Puppengruppe, wobei sich das Thema Mode anbietet. Aufgaben können sein Bademode, die neueste Ledermode, Frisuren, Sportkleidung, Motorrad-Bekleidung... Dabei kann die gesamte Spielergruppe an das Thema gehen, es können aber auch Kleingruppen ein Schaufenster stellen – dann sollen die anderen erraten, um welches Thema es geht.

Maschinenmenschen

Wir können auch Gegenstände darstellen, die in Schaufenstern ausgestellt sind. Bilden Sie doch einmal gemeinsam ein Motorrad – von Lenkstange und Scheinwerfer über Sattel und Tank bis zum Rücklicht. Oder eine Kleingruppe nimmt sich den Computer vor und versucht, ihn mit Körpern und Gliedmaßen nachzubilden. Wenn die Zuschauer stock und steif dasitzen und keine Ahnung haben, was da gerade abgebildet wird, kann sich die Maschine auch in Bewegung setzen. Bauen Sie Druck- oder Stanzmaschinen nach, Baukräne oder Dampfwalzen, Schiffsdiesel oder eine Tanksäule...

Tiermenschen

Das gleiche Spiel kann man auch mit Tieren treiben. Wie ist es wohl zu bewerkstelligen, mit allen Spielern einen Elefanten zu bilden? Oder versuchen Sie, eine Spinne, einen Kraken und einen Tausendfüßler zu spielen. Wenn Sie sich in richtig überzeugender Weise auf die Gruppe der Zuschauer zubewegen, wird diese sogar angstvoll zurückweichen.

Mattscheibe

Zwei Leute bilden aus ihren vier Armen einen Fernsehschirm. Dahinter agieren die anderen Spieler. Kommen sie näher an den *Schirm* heran, werden sie im Porträt gezeigt, befinden sie sich weiter weg, so kommt eine *Totale* zustande. Die Spieler führen nun irgendwelche, aus dem Fernsehen sattsam bekannte Dinge vor – natürlich ohne Worte. Ob das nun der Wetteronkel, die Tagesschau-Moderatorin oder XY-Zimmermann ist, durch Übertreibung lassen sie sich gut karikieren.

Spiegelspiel

Mit etwas geübten Spielern kann man das Spiegelspiel versuchen. Dabei nimmt die spielende Gruppe die gleichen Haltungen und Ausdrucksweisen der Leute an, die dem Spiel zuschauen. Verändern diese ihre Position, müssen das auch die Spieler tun – aber langsam, wie in Zeitlupe.

Schattenmenschen

Man spannt ein Leinentuch (weißes Bettlaken) und stellt eine starke Lichtquelle dahinter. Eine ganze Gruppe von Spielern verzieht sich hinter das Laken. Einzeln oder in kleinen Gruppen stellen sie sich dann zwischen Licht und Laken.

Werden sie erkannt? Woran? Ist es schwieriger, wenn sie sich vorher ein wenig verkleiden?

Schattenschau

Hat man sich erst einmal ein bißchen in die Schattenwirkung eingesehen, läßt sich das Spiel weitertreiben. Die Spieler denken sich einzelne Positionen aus, die einen hohen Wiedererkennungswert haben. Da läßt sich ein Westernstar denken wie eine Diskuswerferin, da kann man verschiedene Gemütsbewegungen (Trauer, Freude) genauso abbilden wie Tätigkeiten (hämmern, bügeln, einen Flaschenkorken ziehen, Schuhe putzen).

Bewegen und Verharren

In der einfachen Version werden Positionen und Tätigkeiten in Bewegung umgesetzt. Das ist für Spieler wie für Ratende leichter. Intensiver wird das Spiel dadurch, daß der Spieler nur eine Position einnimmt und darin verharrt. Dazu muß er die markanteste Stellung wählen – beim Hämmern etwa mit der Linken den nicht vorhandenen Nagel an die Wand halten, mit der Rechten ausholen, wobei die Finger den nicht vorhandenen Griff des Hammers fest umgreifen.

Für diese Einzelposition wird es nötig sein, sich erst einmal bei Dunkelheit hinter der Leinwand zurechtzustellen, und danach erst das Licht anschalten zu lassen.

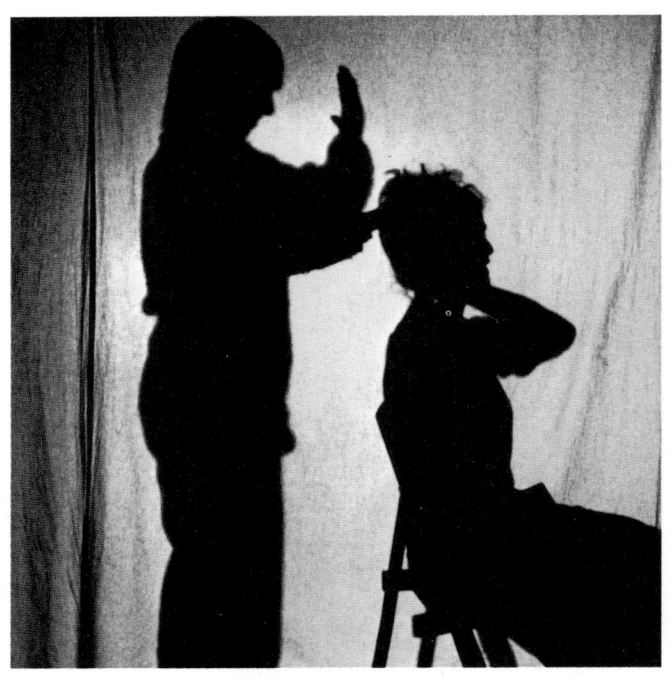

Dunkles Duo

Versuchen Sie auch, gemeinsam pantomimische Situationen darzustellen. Durch den Schattenriß werden die Zuschauer nicht von Kleidung, Mimik oder ähnlichem abgelenkt; sie konzentrieren sich ganz auf die dargestellte Situation. Dazu ein paar Ideen: Schachspieler, Kindtaufe, verliebtes Paar, Meister und Lehrling...

Lebende Plastiken

Zu einem Erkennen-Spiel ist hier eines der schönsten Körpersprache-Spiele umgewandelt worden: die lebenden Plastiken.

Die erste Möglichkeit: Verschiedene Gruppen der Gesellschaft drücken die gleichen Gefühle oft sehr verschieden aus. So kann man einer Gruppe von Jugendlichen die Anweisung geben: Drückt doch einmal durch Mimik, Gestik, Körperhaltung aus, daß ihr die Nase voll habt, daß die anderen euch mal gerne haben können. Die Jugendlichen nehmen diese Haltung ein, was allein schon amüsant ist. Nun sollen sie im zweiten Schritt genau das gleiche ausdrücken, sich aber dabei in die Rolle von Erwachsenen hineinversetzen. Das Ganze läßt sich nun umdrehen: Die Spielergruppe stimmt sich ab, in welcher Reihenfolge die verschiedenen Gruppen gespielt werden – die Zuschauer müssen das raten. Noch ein Beispiel: Wie setzen die folgenden Gruppen die Forderung nach mehr Geld durch? – Politiker; Geistliche; Kaufleute; Arbeiter; Lehrerinnen; Krankenschwestern; Sekretärinnen...

Plastikenbau

Zur Vorbereitung dieses Spieles werden Kärtchen angefertigt, auf denen konkrete Situationen angegeben werden (Freude nach einem Lottogewinn/Langeweile bei einer Zugfahrt/Entsetzen über die schlechte Arbeit des Kindes/Mitfiebern bei einem Pferderennen/Torschrei bei einem Ballspiel/Gestelltes Lächeln bei einem Urlaubsfoto...).

Ein Spieler zieht eines der Kärtchen und macht sich an die Aufgabe, die Situation mittels einer lebenden Plastik darzustellen. Dabei darf er sich ein oder zwei *Werkzeuge* aus der Gruppe nehmen. Die plaziert er so, formt deren Gestik und Mimik so, daß seiner Meinung nach die Situation widergespiegelt wird. Per Zuruf versuchen nun die Zuschauer, das Rätsel zu lösen. Sind sie auf der richtigen Spur, darf ihnen das gesagt werden – aber nichts verraten.

Sozialplastik

Entwickelt worden ist die Sozialplastik von Augusto Boal, einem Brasilianer. Es ist eine Art Straßentheater. Den Zuschauern werden Szenen oder/und Verhaltensweisen vorgespielt. Sie können dann eingreifen (»Das sieht doch nicht so aus, sondern ganz anders«) und die Plastiken nach ihrem Gefühl verändern. So entsteht ein Bewußtsein für gesellschaftliche Zusammenhänge und soziale Situationen.

 ## Schnell, schnell!

Erstaunlich, wie schnell unsere Augen etwas erfassen, wenn wir uns konzentrieren. Gut so, sonst gäbe es im Straßenverkehr, im Haushalt und wo auch immer mehr Unfälle. Bei schnellen Sehspielen kommt es also darauf an, kurz und genau hinzuschauen.

Alle sitzen um einen Tisch und legen eine Hand auf die Platte. Sie schließen die Augen und zeigen mit der liegenden Hand null bis fünf Finger. Der Spielleiter ruft »Auf!« und kurz darauf wieder »Zu!«. Mit geschlossenen Augen wird reihum angesagt, wie viele Finger auf dem Tisch liegen. Dann werden die Augen geöffnet und nachgeprüft.

Das gleiche Spiel läßt sich mit Gegenständen machen. Man kann auch unter gleiche Dinge ein ungleiches schmuggeln.

Kinderkuchen

Beim Kindergeburtstag machen wir ein kleines Spiel mit Kuchen (keine Angst, liebe Eltern, wir manschen nicht mit Essen herum!). Auf einen großen Teller in der Mitte des Geburtstagstisches legen wir für jeden kleinen Mitspieler zwei Kuchenstücke, Gebäck oder andere Süßigkeiten. Alle schauen diese (mehr oder weniger gierig) an.

Der kleinste Geburtstagsgast darf beginnen. Er ruft »Augen zu!« Sind alle Augen geschlossen, nimmt er sich ein süßes Teil seiner Wahl und verbirgt es unter der Serviette auf seinem Teller.

Dann ruft er »Augen auf!«. Wer zuerst das fehlende Teil nennen darf, ist als Nächster an der Reihe. Wer dann bereits *seine* zwei Teile vor sich liegen hat, hilft einem anderen Kind bei der süßen Raterei.

Ändern

Die Mitspieler sollen sich eine Wand, eine Reihe Dinge, den Spielleiter genau anschauen und die Augen schließen. Der Spielleiter verändert eine Sache; das muß herausgefunden werden. Ist das ein paarmal gespielt, kann man ruhig einmal einen Gag einbauen – nämlich trotz aufgeregten Kramens nichts verändern. Was die Mitspieler trotzdem alles verändert sehen, ist erstaunlich.

Dieses Spiel kann man soweit steigern, bis alle Mitspieler etwas an sich verändern – das darf natürlich nur mit allseits geschlossenen Augen geschehen. Wer dann noch alles herausfindet – und sei es bloß ein weiterer geöffneter Knopf am Hemd – kann es schon bald mit dem kleinen Hindu aus »Kim« aufnehmen.

Sehsam öffne dich!

Sehen, Erkennen, Kombinieren, all das gehört zum Sehkim-Würfelspiel »Sehsam öffne dich«. Man benötigt dazu zwei oder mehr Mitspieler und 20 Würfel.

Die Würfel werden (siehe Bild) so aufgebaut, daß sie eine Eckpyramide bilden. Alle Mitspieler sitzen so, daß sie auf die Innentreppen der Pyramide schauen können. Nur diese Augen auf den 20 Würfeln spielen mit.

Wollen die Mitspieler gegeneinander spielen, wird kein Wort geredet; alle kombinieren still. Es gilt, folgende Aufgabe zu lösen:

1. Wie viele Sechsen befinden sich auf den sichtbaren Würfeloberflächen (das sind übrigens 30!). Das braucht man ja nur abzuzählen, ist also nicht weiter schwierig.

2. Hinzuaddiert werden müssen Sechser, die sich aus Kombinationen ergeben. Dabei dürfen nur Würfelaugen kombiniert werden, die sich auf gleichen Ebenen befinden.

Ein Beispiel zu der Abbildung: Der Würfel ganz links in der untersten Reihe trägt oben eine 4. Der Würfel ganz links in der zweituntersten Reihe trägt oben eine 2. Da beide zur linken Treppe – also zu einer Ebene – gehören, dürfen sie kombiniert werden zu einer weiteren 6.

Noch ein Beispiel: Betrachten Sie die zweite Reihe von unten. Der mittlere Würfel zeigt nach links eine 1, der rechte Würfel zeigt nach links eine 5. Beide stehen in die gleiche Richtung, in einer Ebene. Also dürfen sie wiederum zu einer 6 kombiniert werden.

Wie viele Sechser-Kombinationen auf unserem Bild vorhanden sind, sollten Sie ruhig versuchen herauszufinden. Die Lösung steht auf Seite 118.

Einfacher wird das Spiel, wenn sich immer zwei Spieler zu einem Team zusammenschließen und gemeinsam die Aufgabe lösen.

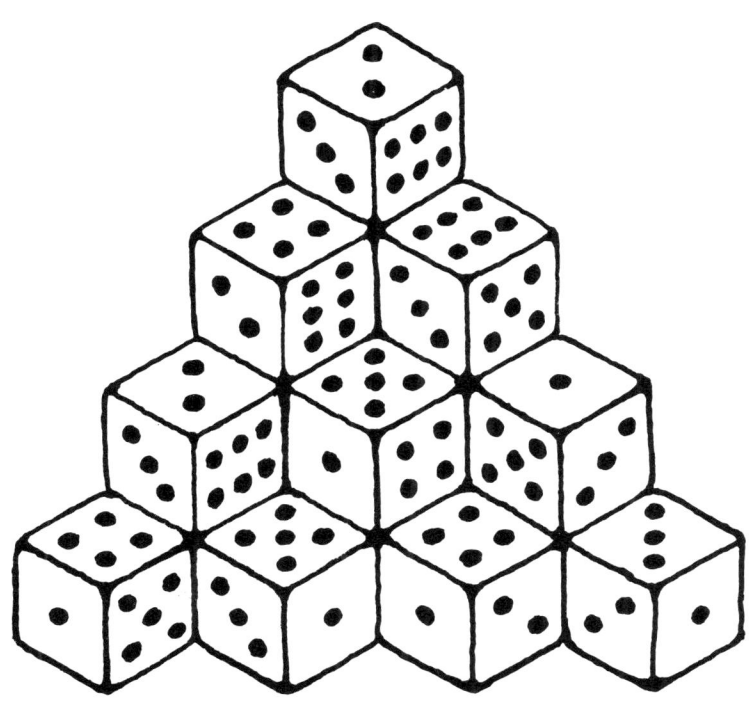

Spiele zum Erkennenlernen

Hände, Haare, Hosenbeine

Klar kennen wir unsere Freunde, unsere besten Bekannten, unsere Kinder. Aber erkennen wir sie auch an kleinsten Details wieder, an sichtbaren Details?

Eine Wand wird im Raum aufgestellt; sie kann aus Pappe oder Papier sein, ein einfaches Leinentuch reicht auch (an den Ecken Kordeln befestigen, die irgendwo im Raum angebunden werden und das Tuch spannen). Bohren oder schneiden Sie in Augenhöhe der Spieler – also auch für den Kleinsten stehend erreichbar – zwei Löcher.

Nun stellen sich einzelne Spieler hinter der Wand auf, schauen durch die Löcher und sollen allein an ihren Augen wiedererkannt werden. Schicken Sie zum Beispiel drei Kinder hinter die Wand. Nur eines schaut durch – welches ist es? Alle drei schauen durch, wer ist nun wer?

Nicht nur die Augen drücken Individualität aus. Auch Hände, Haartracht – sogar Hosenbeine verraten die dazugehörigen Menschen. Beim Wiedererkennen von Haaren können wir wiederum die Wand benutzen. Hände braucht man einfach nur durch Türspalte zu strecken. Bei den Hosenbeinen schließlich müssen Sie die (Lein-)Wand ein wenig höher hängen.

Es gibt noch eine ganze Reihe anderer typischer Merkmale, an denen wir uns erkennen können. Lassen Sie sich etwas einfallen in Sachen menschlicher Attribute...

Frauen und Männer

Von manchen Leuten hört man immer wieder, Frauen seien sensibler und aufmerksamer als Männer. Das können wir testen. Ist eine Gruppe von Erwachsenen zusammen, stellen sich alle Männer hinter die Guckwand und schauen nacheinander durch die Löcher. Werden die Frauen sie erkennen? Da wir ja fair sind, wird danach den Männern natürlich die gleiche Aufgabe gestellt. Zum Schluß läßt sich sagen, welches Geschlecht zumindest von dieser Spielergruppe genauer hinschaut.

Allerlei aus der Sehkiste

Ein schnelles Spiel ohne viel Vorbereitung: Nehmen Sie ein Foto, am besten eines, das einen Gegenstand zeigt. Decken Sie den gezeigten Gegenstand mit Papierschnipseln ab und lassen Sie die Mitspieler raten, um was es sich handelt. Was könnte das hier auf dem Foto sein? Die Auflösung sehen Sie auf Seite 119.

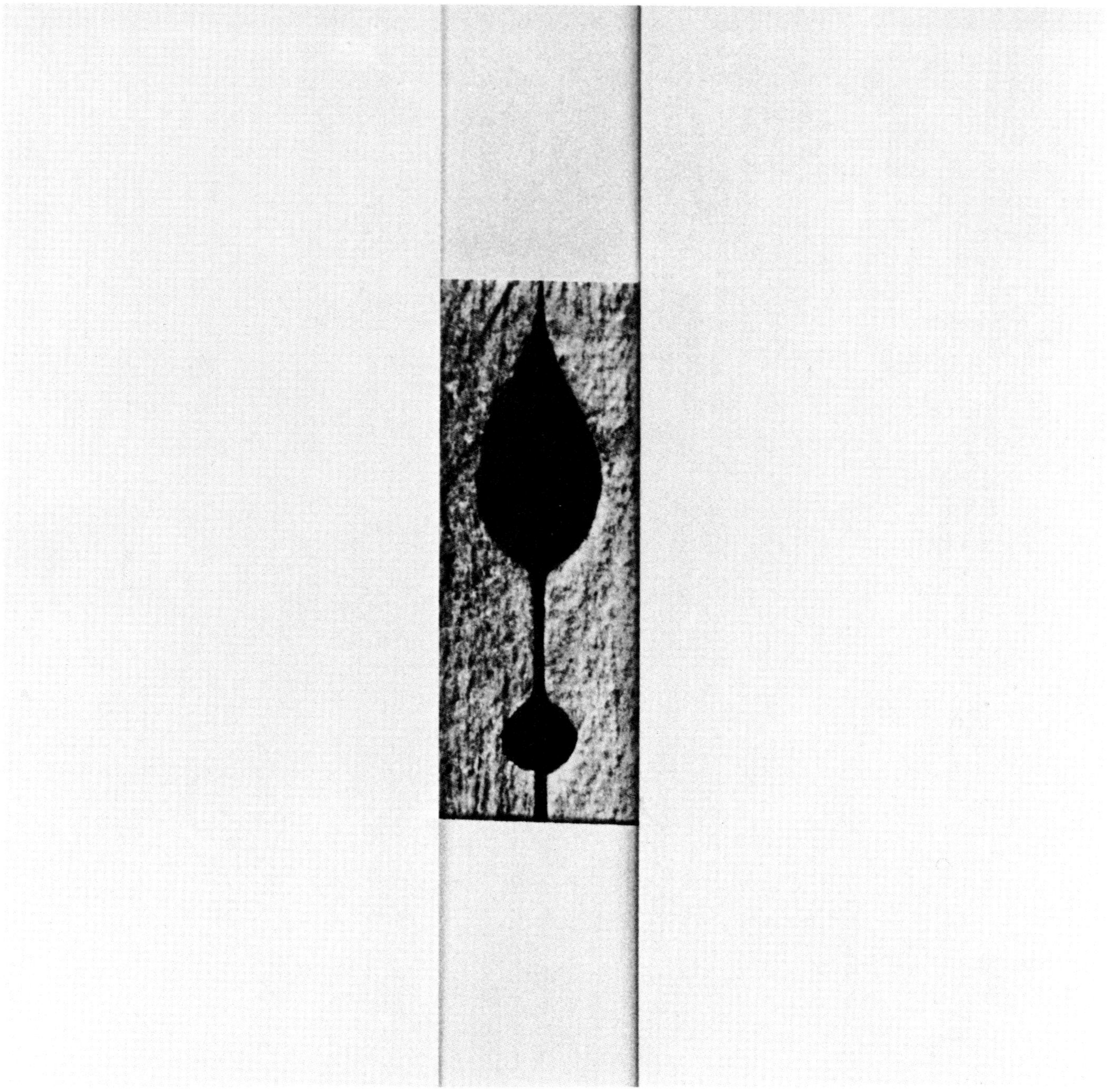

 ## Was fehlt?

Nehmen Sie ein paar Spielsteine oder bunte Holzplättchen. Legen Sie diese auf den Tisch und decken Sie ein Tuch darüber. Nehmen Sie für einige Sekunden das Tuch weg und lassen Sie die Mitspieler Farben und Formen aufzählen. Dann wird ein Teil weggenommen – die Mitspieler müssen es ausfindig machen. Ordnen Sie die Plättchen in einer bestimmten Reihenfolge an und rufen Sie diese ab. Danach verändern Sie die Reihenfolge, indem Sie zwei oder drei Plättchen verlegen.

Maschinen

Für Leute, die nicht Schreibmaschine schreiben können: Zuerst werden auf der Maschine leichte Worte getippt, mit dem Einfingersuchsystem – etwa *wert* oder *das* oder *fertig*. Danach werden dem Spieler die Augen verbunden und er soll das Wort blind nachschreiben. Steigern Sie die Schwierigkeit der blind zu tippenden Worte. Als Hilfe kann den Blindspielern der Tippfinger auf das *e* gelegt werden. Varianten dieses Spiels lassen sich auf dem Taschenrechner entwickeln.

Komplement!

Schauen Sie sekundenlang auf eine Farbfläche und schließen Sie die Augen. Welche Farbe sehen Sie jetzt in Ihrem *inneren* Auge?

Tastkim

Unsere Finger und Hände sind sehr empfindsam. Durch behutsames Tasten übermitteln sie dem Gehirn ein Bild. Sie *erinnern* sich an das Gefühl bei verschiedenen Stoffen und Formen. Sich jedoch nur auf den Tastsinn zu verlassen, das erfordert viele Bilder im Gehirn, ausgeprägte Bilder.

Mal fühlen...

Tastatur

»Der tastet ja völlig im Dunkel«, heißt es, wenn jemand gar nicht Bescheid weiß. Anscheinend ist *im Dunkel tasten* eine unsichere, ungewohnte Geschichte. Doch es ist auch eine schöne! Legen Sie die verschiedensten Gegenstände unter ein Tuch. Nun soll ein Mitspieler diese Dinge unter dem Tuch ertasten. Die Sachen lassen sich auch durch das Tuch ertasten. Oder man verbindet dem Spieler die Augen und legt die Gegenstände offen vor ihn hin; dann haben die anderen Mitspieler mehr davon.

Nehmen Sie für dies Spiel ruhig alles, was sich in Ihrem Haushalt so findet. Ein Korkenzieher und ein Geldstück, ein Radiergummi und ein Schraubenzieher, damit kann man sich ins Tasten einüben. Schwieriger wird es, wenn die Formen undefinierbarer werden. Wer kann schon etwas mit einem Plastikblock anfangen, wer die Patrone eines Füllfederhalters herausfühlen?

Ein Profispiel wird das Tasten endgültig, wenn Sie sehr komplizierte Dinge ertasten lassen. Einen Stempel beispielsweise bekommt ja jeder heraus. Doch kann man den Aufdruck ertasten?

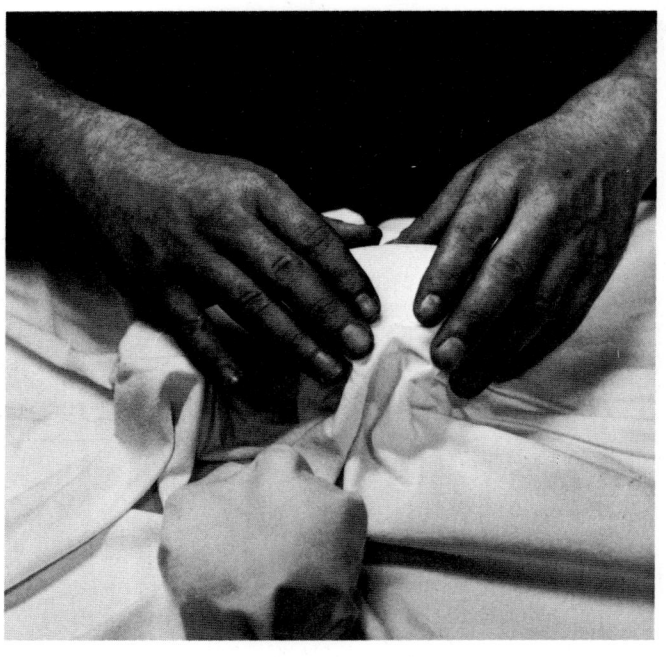

Oberflächliches

Können Sie Materialien aufgrund ihrer verschiedenen Oberflächen ertasten? Machen Sie die Probe: Holz, Pappe, Metall, Plastik, Stein, Leder, Glas, Papier...

Wie fühlen sich Papiererzeugnisse an? Da gibt es Papiertaschentücher, Toilettenpapier, Schreibpapier, Tapete, Zeitungspapier, Karton, Pappe, Wellpappe, Fotopapier...

Ertasten Sie Gefäße aus unterschiedlichen Materialien: Glas, Porzellan, Stahl, Keramik, Plastik...

Es gibt ein bezauberndes Tastbuch für Kinder wie für Erwachsene: »Was ist das?«, von Virginia Allen Jensen (Sauerländer, 1978). Darin wird eine Geschichte zum Ertasten erzählt. Probieren Sie es einmal aus. Am besten schließt einer die Augen und tastet, der andere liest dem Taster die Geschichte vor.

Tasterialien

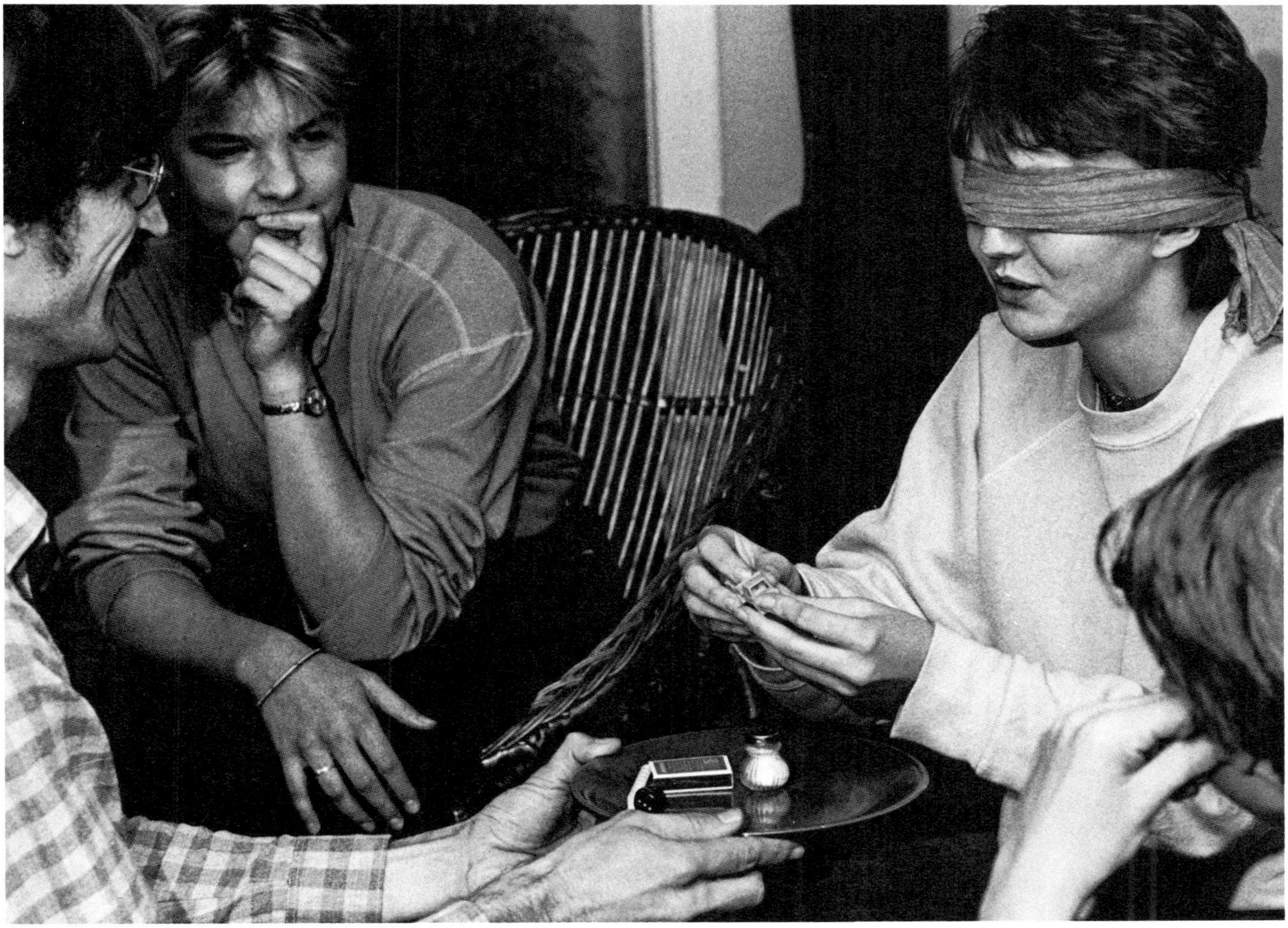

Wenn Sie sich ein neues Stück für die Garderobe gönnen, schauen Sie sich's nicht nur an und probieren es an; Sie befühlen auch den Stoff. Viele Dinge im täglichen Leben fordern geradezu dazu auf, sie anzufassen. Kinder fassen alles an, was sie zwischen die Finger bekommen. Sie wollen eben nicht nur sehen, sondern auch fühlen, den Gegenstand ganz dicht an sich heranziehen, ihn spüren.

Suchen Sie einmal alle Stoffe zusammen, die es in Ihrem Haushalt gibt. Dann werden den Spielern die Augen verbunden und sie sollen die Stoffe ertasten. Da gibt es ganz schön viel und manches schwer Unterscheidbare:

Seide, Leinen, Samt, Jeansstoff, Filz, Baumwolle, Plastik, Gummi, Fell, Frottee, Leder, Kunstleder, Wolle, Kunstfasern...

Schwerer noch wird das Spiel, wenn keine großen Flächen von Stoffen ertastet werden, sondern nur kleine Stücke, Fäden, Schnüre (Kordel, Zwirnfaden, Wollfaden, Plastikschnur, Gummiring...).

Gleich, ungleich

Zusammenstellungen

Dies Spiel macht schon bei der Vorbereitung viel Spaß. Lassen Sie sich Gegenstände einfallen, die Gemeinsamkeiten oder eben keine haben. Diese sollen nun blind ertastet und die Gemeinsamkeit herausgefunden werden. Beispiele:

— Flaschenkorken, Kronkorken, Korkenzieher
— Postkarte, Spielkarte, Straßenkarte
— Hammer, Zange, Nagel, Dübel
— Pflanzenblatt, Papierblatt, Sägeblatt
— Zigarettenfilter, Kaffeefilter, Ölfilter
...

Stellen Sie zum Ertasten unterschiedliche Sorten einer Kategorie zusammen. Einfach wären zum Beispiel verschiedene Obstsorten. Schwieriger Flaschen verschiedenen Inhalts, verschiedene Kopfbedeckungen, Körner (Salz, Getreide...).

Ideen

Feinheiten

Lassen sich beim Anfühlen von verschiedenen Flüssigkeiten Unterschiede feststellen?

Kann man Blumen allein durch das Ertasten ihrer unterschiedlichen Blüten erkennen?

Läßt sich durch Tasten feststellen, um welches Brettspiel es sich handelt?

Fühlt sich ein Buch mit Fotografien anders an als eines nur mit Text?

Sind die Spieler bereits ein wenig geübt, können Sie die Schwierigkeit nochmals erhöhen. Nehmen Sie verschiedene Teile mit glatter Oberfläche, dazu eines mit rauher. Lassen Sie Holzplättchen erfühlen und schmuggeln Sie eines mit gespaltener Oberfläche dazwischen. Läßt sich erfühlen, daß an einem Kamm ein Zinken fehlt? Legen Sie sechs Holzplättchen unterschiedlichen Durchmessers vor den Spieler hin und lassen Sie diese nach Größe ordnen. Kann man eigentlich die Augen auf einem Würfel erfühlen? Lassen sich Strukturen auf Plastik oder an Möbeln ertasten?

Keksdose

Belohnung für alle

Geht es um Süßigkeiten, spielen Kinder (und auch viele Erwachsene) eifrigst mit. Beim Spiel »Keksdose« sitzen alle Mitspieler mit verbundenen Augen um den Tisch; nur der Spielleiter ist sehend. Er läßt nun eine Dose kreisen, in der die verschiedensten Süßigkeiten gesammelt sind. Wichtig ist dabei, daß die Einzelteile verschiedene ertastbare Formen haben. Schokoladestückchen also nur unter die Süßigkeiten mischen, wenn Sie sowohl flache rechteckige und quadratische als auch rechteckige gewellte Stückchen (gefüllte Schokolade) haben.

Die Spieler nehmen sich ein einzelnes Stück aus der Keksdose. Sie müssen nun ertasten, um was es sich handelt, und dabei den Gegenstand möglichst genau angeben (also nicht Schokoladenstückchen, sondern Stückchen Ritter Sport etc).

Wer das ausgewählte Teil nicht identifizieren kann, darf es sich in den Mund stecken (vielleicht kommt dabei ja die Erleuchtung). Er muß jedoch die Keksdose an den nächsten Spieler weitergeben. Wer seine Süßigkeit errät, darf es gleich noch einmal versuchen. Bei drei erratenen Teilen geht die Dose ebenfalls weiter. So werden alle belohnt, nicht nur die Wissenden.

Für Fortgeschrittene

Wenn es nicht vor allem darum geht, sich den Bauch vollzuschlagen, sondern Tastkim zu spielen, können Sie auch hier den Grad der Schwierigkeit erhöhen. Geben Sie den Spielern in jede Hand ein Streichhölzchen. Dabei muß aber das einzelne zu ertastende Stück auf den Tisch gelegt werden (oder auf einen Teller). Die Unterlage sollte nicht rutschig sein.

Taststreifen

Spannen Sie in einem Raum eine Schnur, an der Sie verschiedene Gegenstände befestigen. Die Spieler tasten sich nun mit verbundenen Augen an der Schnur entlang. Treffen sie auf einen Gegenstand, müssen sie diesen erfühlen. Am Ende der Schnur müssen sie dem Spielleiter alle ertasteten Gegenstände in der richtigen Reihenfolge nennen.

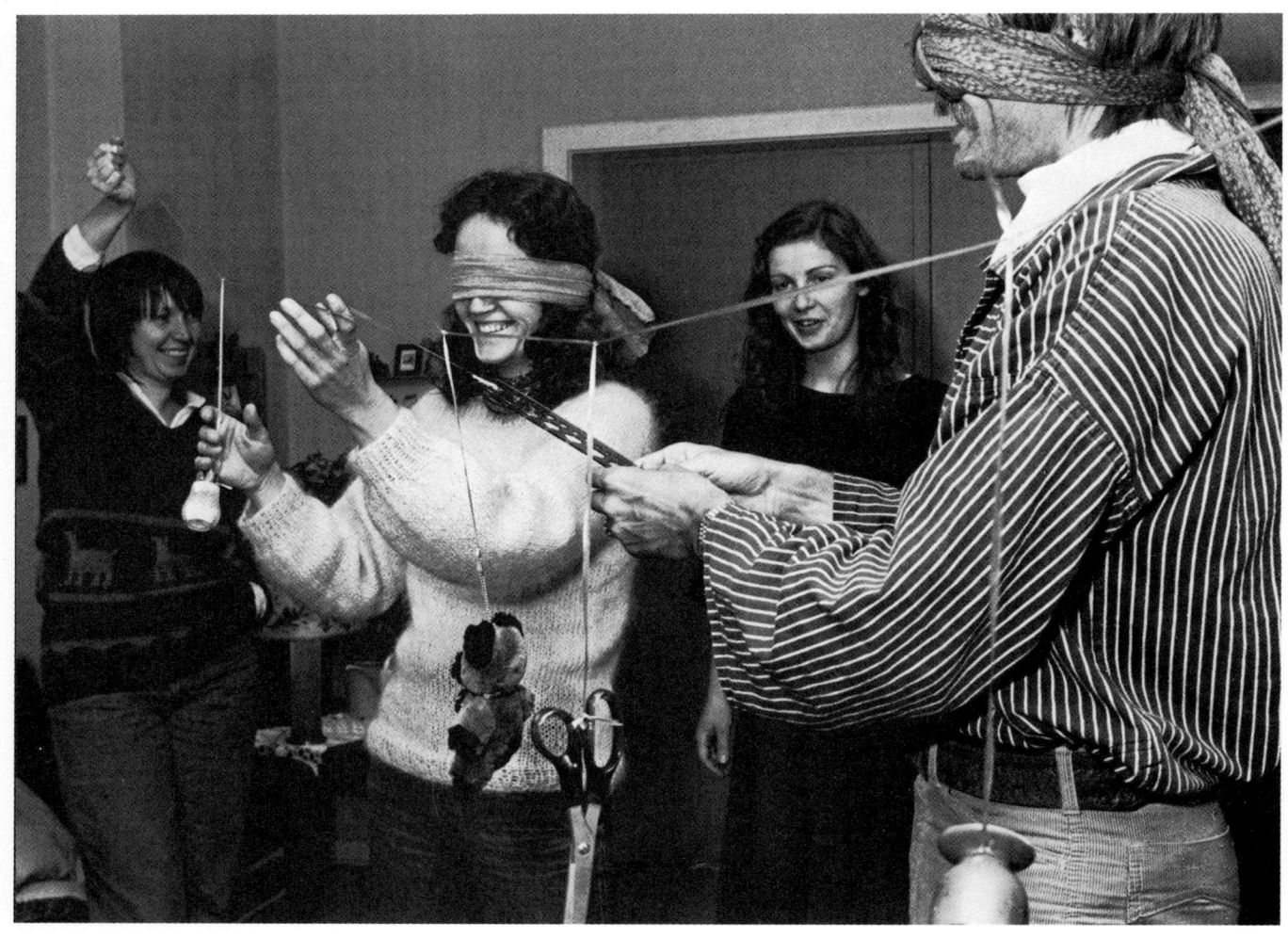

Bauen und Tasten

Jeweils zwei Spieler tun sich zu Partnern zusammen. Dem ersten stehen genügend Bauklötze zur Verfügung. Aus ihnen bildet er nun eine Form nach seiner Wahl (auf unserem Foto baute der Spieler einen Vogel). Sein Partner wird mit verbundenen Augen zur *Baustelle* geführt. Er muß nun die aus den Bauklötzen gebildete Form ertasten und mit einem Haufen eigener Bausteine nachzuformen versuchen.

Je nach Alter und Geschicklichkeit können Sie den Schwierigkeitsgrad dieses Spiels steuern. Die Aufgabe ist noch einigermaßen einfach zu lösen, wenn der blinde Spieler die Lage jedes einzelnen Bauklotzes ertasten und dann nachbauen darf. Geübtere Spieler dürfen etwa dreimal in Abständen die Form ertasten.

Wahre Könner und Spielernaturen, die sich auch auf ein Risiko einlassen, das den Spaß der Mitspieler erhöht, tasten das Bauwerk einmal in Ruhe vorher ab, wobei sie solange tasten dürfen, wie sie es wollen. Dann aber bauen sie, ohne noch einmal *nachzufassen*, ihr Doppel hin.

Dimensionen

Man kann das Bauwerk flächig anlegen, also in der Dimension der Aufsicht bleiben. Noch viel mehr Sensibilität ist erforderlich, soll ein dreidimensionales Bauwerk ertastet und nachgebaut werden. Dabei darf der Vorformer seinem Partner die Hände behutsam an das Bauwerk legen.

Raumtaster

Sich blind in einem Raum zu bewegen, ist schwierig und erfordert ganz schön viel Mut. Also beginnen wir die Raumtaster-Spiele mit einigen kleinen Vorübungen. Alle Spiele werden blind gespielt. Da hierbei Unsicherheiten auftreten, ist es wohl besser, den Spielern die Augen zu verbinden. Sie selbst zuzuhalten, erfordert einfach zu große Disziplin.

Die erste Vorübung könnte sein, sich in einem beinahe leeren Raum, also etwa einer Diele oder einem Flur, an den Wänden entlangzutasten, dabei aber dennoch vorsichtig zu sein, es könnten ja Hindernisse auftauchen, die Garderobe, eine offene Tür... Dann soll der Spieler den Raum durchqueren und sich am anderen Ende rittlings auf einen Stuhl setzen.

Dem Boden näher

Erstaunlich, daß wir uns bei Ausschaltung des Sehsinnes desto sicherer fühlen, je mehr Kontakt wir zur Erde, zum Boden haben. Also bewegen sich die Spieler nun auf allen vieren im Raum, müssen Gegenständen ausweichen, anderen Spielern jedoch, auf die sie treffen, zur Begrüßung die Hand geben.

Hierher!

Zwei Spieler setzen sich jeweils an den Enden des Raumes gegenüber. Der eine bekommt einen Ball in die Hand. Der gegenüber Sitzende ruft »Hierher!« Er soll nun den Ball zugerollt bekommen; dabei krabbelt der ballführende Spieler auf allen vieren zu seinem Partner und rollt den Ball neben sich her. Beim zweiten Mal sitzen die Spieler voneinander entfernt, der Ball muß in die richtige Richtung auf die Reise geschickt werden.

Der aufrechte Gang

»Siehst du den roten Blumentopf dahinten auf der linken Fensterbank?« fragt der eine Spieler den anderen. »Ja.« »Na gut, ich binde dir jetzt die Augen zu, du holst den Topf und bringst ihn mir, ja?«

Dies ist schon eine ziemlich schwierige Aufgabe. Noch mehr Konzentration ist erforderlich, bekommt der »blinde Spieler« nur verbal angegeben, wo sich der gewünschte Gegenstand befindet.

Naturtaster

Kennen und erkennen Sie die Natur? Dann spielen Sie doch Tastkim an der frischen Luft. Zum Beispiel Baumstämmefühlen. Erkennen Sie die abgebildeten Stämme? Würden Sie es sich zutrauen, diese auch noch blind zu erfühlen?

○ Naturspiele

Blätterwald

Im Biologie-Unterricht war ich immer eine besonders große Niete. Vielleicht, weil wir irgendwelche lateinischen Namen auswendig hersagen mußten – und weil ich dem allwöchentlichen Sonntagsspaziergang mit den Eltern und Geschwistern auch nichts abgewinnen konnte. Das hat sich grundlegend geändert. Heute bin ich gerne draußen – und mag auch Spiele mit der Natur. Zum Ertasten gibt es dort mehr als genug – mit angenehmen Gefühlen in den Fingerkuppen (wenn's nicht gerade um Brennesseln geht!).

Wenn man sich allein die Fülle von Baumfrüchten ansieht, lassen sich damit viele Spiele machen: Alle Spieler sitzen auf dem Boden. Der Spielleiter flüstert jedem eine Frucht ins Ohr, Eichel, Buchecker, Kastanie, Zapfen... Dann läßt er diese und andere Früchte, auch doppelt, im Kreis herumwandern, von Hand zu Hand. Mit geschlossenen Augen ertasten die Spieler die Früchte. Kommt *ihre* Frucht an die Reihe, lassen sie diese vor sich auf den Boden fallen.

Schwerer wird es, wenn verschiedene Blätter im Kreis herumgereicht werden. Ahorn und Eiche können wir vielleicht noch unterscheiden, aber ein Buchenblatt oder das einer Eiche? Wie steht es mit den Nadeln, lassen die sich ertasten? Gibt es fühlbare Unterschiede bei den Ähren von Gerste, Weizen, Roggen, Hafer?

Naturfühlerpartner

Jeder sucht sich einen Spielpartner. Zwischen ihnen wird von Aufgabe zu Aufgabe das Tuch, das die Augen verbindet, gewechselt. Nun führen sie sich durch die Natur, ertasten Stämme und Zweige, Farnblätter und Moose, Pilze und Flechten. Fühlt sich Sand anders an als lehmiger Boden?

Natur ins Haus

Genauso gut kann man sich Natur ins Haus holen – oder die Hauspflanzen zu Spielen nutzen. Meine Mutter kennt alle ihre Topfpflanzen (sie sagt, sie spräche auch mit ihnen). Aber würde sie die Pflanzen allein durch das Berühren von Blüten und Blättern wiedererkennen? Und natürlich müßte man die Töpfe verstellen, sonst wüßte sie ja genau, wo ihr fleißiges Lieschen steht und wo die Schiefblattbegonie...

Punktekörper Körperpunkte

So empfindsam unsere Haut auch ist, so ungenau kann sie Berührung lokalisieren. Dazu ein schönes, behutsames Spiel, spielbar für Pärchen am Strand, im Bett, beim Sitzen auf Stuhl oder Couch, spielbar in Gruppen, wenn sie keine Berührungsängste haben.

Einer schließt die Augen. Der andere berührt einen beliebigen Punkt am Körper des Blindspielers, drückt kurz und nicht allzu kräftig mit dem Finger (keine blauen Flecken erzeugen!) und nimmt ihn dann wieder weg. Der Blindspieler öffnet die Augen und soll nun selber mit seinem Finger den gleichen Punkt berühren. Erstaunlich, wie weit da daneben getippt wird. Übrigens sollten Punkte berührt werden, die danach wieder aufzufinden sind, also Muttermale, kleine Hautunebenheiten, Stellen, an denen Adern verlaufen oder ein vereinzeltes Haar wächst.

Synchronkörper

Fortgeschrittene, Leute also, die Körperpunkte gut orten können, lassen sich auf den Punktekörper ein. Dabei werden gleichzeitig mehrere Punkte an ihrem Körper berührt, die aufgespürt werden müssen.

Meister werden vor die schwierigste Aufgabe gestellt: die Synchronisation. Man berührt einen beliebigen Punkt auf der einen Seite ihres Körpers; sie sollen nun den gleichen Punkt auf der anderen Seite erwischen.

Menschentaster

Damit die Spieler ihre Berührungsängste ein wenig verlieren, zuerst ein kleines Spiel zum Eingewöhnen: Goofy. Alle laufen mit geschlossenen Augen im Raum herum. Trifft einer auf den anderen, fragt er »Goofy?«. Fragt der andere auch »Goofy?«, so ist's der Falsche und man muß weitersuchen. Ist's der vom Spielleiter bestimmte Goofy, schweigt er. Dann muß man sich an seine Hand tasten und die ergreifen. Ist sie besetzt, tastet man eben solange an den Menschen auf und ab, bis man eine freie Hand erreicht. Die wird gepackt!

Dieses Spiel ist dem Buch »New Games« von Andrew Fluegelman und Shoshana Tembeck entnommen.

Binden Sie einem Mitspieler die Augen zu und stellen Sie drei andere Spieler vor ihn hin. Diese muß er nun durch Tasten erkennen. Darf der gesamte Körper ertastet werden, ist die Aufgabe schnell gelöst. Muß sich der Blindspieler jedoch auf Körperteile beschränken, wird es schwieriger. Also: nur den Kopf, das Gesicht, die Haare, nur die Hände oder die Schultern ertasten.

Tastgruppen

Allerlei aus der Tastkiste

Verdunkeln Sie den Raum oder sorgen Sie dafür, daß alle Mitspieler mit verbundenen Augen im Raum herumspazieren. Dann geben Sie Anweisungen:

»Es finden sich Gruppen von fünf Spielern...«

»Es finden sich nur die Frauen, die Männer, die Jugendlichen, die Kinder zusammen...«

»Alle mit Brille versammeln sich und alle ohne.«

»Alle Bärtigen und alle Bartlosen...«

Erinnerungstasten: Ein Spieler darf einen Teil eines Mitspielers »probetasten«. Dann muß er ihn anhand dieses Teils aus einer Gruppe von Menschen heraustasten. Oder der Spieler ertastet einen Mitspieler. Dieser verändert seine Kleidung und soll dennoch wiedererstastet werden.

Taststellung: Ein Blindspieler ertastet die Stellung, die ein anderer Spieler eingenommen hat. Dann nimmt der Blindspieler die gleiche Position ein. Das kann im Stehen, Sitzen oder (wie auf unserem Bild) im Liegen geschehen.

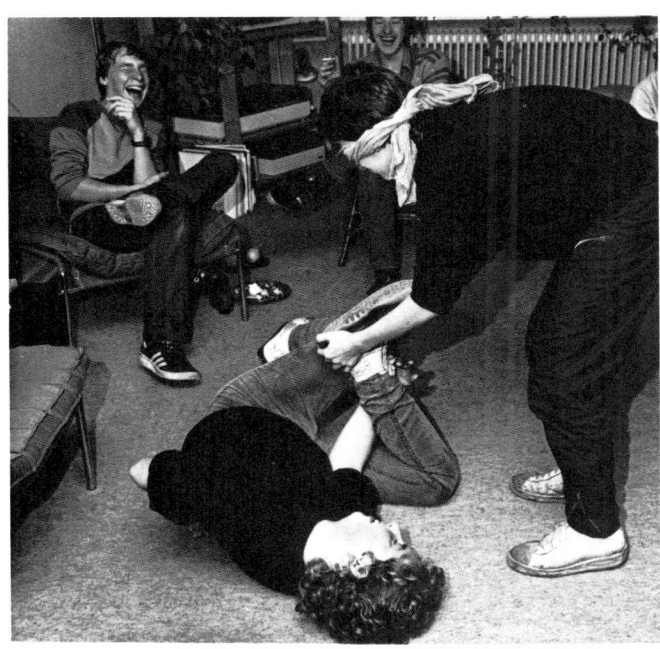

Lebendiges

Bei einem großen Kreis von Mitspielern wird viel darüber geredet, daß nun ein ganz tolles Spiel folgt und daß wiederum einem die Augen verbunden werden müssen und daß nächste Woche der Freitag auf einen Samstag fällt und so weiter. Dabei werden gleich zwei Leuten die Augen verbunden, ohne daß sie merken, daß hier ein Spielerpaar zusammengestellt worden ist. Beide Spieler werden nun vor einen Tisch geführt; sie sollen Gegenstände ertasten. Allen, auch den Spielern, wird gesagt, daß es mucksmäuschenstill zu sein hat. Die Spieler beginnen zu tasten, erfühlen Gegenstände – und stoßen irgendwann auf etwas Lebendiges, nämlich die Hand eines anderen Spielers.

Ekliges

Man darf ruhig auch schon einmal etwas Glitschiges oder Matschiges unter die zu erfühlenden Sachen packen. Dennoch: Es sollte immer fair gespielt werden. Gags und Witze kann man einbauen – doch das Grundvertrauen der Spieler darauf, daß mit ihnen nichts Schlimmes geschieht, muß immer erhalten bleiben.

Empfindsame Füße

Mit den Händen läßt sich so allerlei ertasten. Doch wie empfindsam sind eigentlich unsere Füße, besser Fußsohlen?

Das »Coesfelder Laufspiel« – dort ist es entstanden – benötigt ein paar Spieler, die sich Schuhe und Strümpfe ausziehen und die Augen verbinden lassen. Dann laufen sie über verschiedene Materialien und sollen diese herausfinden, etwa Herbstblätter, Steinchen, Sand, Filz, Teddyfutter, Karton, Fliesen, Kissen, eine Holzrampe, ein Bänkchen, Federn...

Als »Belohnung« dürfen die Spieler blind ihre Schuhe aus dem Schuhhaufen suchen.

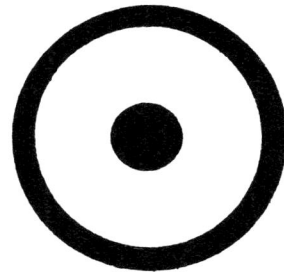

Riechkim

Unser Geruchssinn ist wohl am wenigsten ausgeprägt. Beißenden Gestank oder das aufdringliche Aroma von Knoblauch können unsere Nasen noch identifizieren. Ein Hauch von Parfüm oder Rasierwasser ist gerade noch feststellbar. Aber wie duftet Natur, wie eine Stadt?

Mal riechen ...

Soloschnüffler

Was hätte der kleine Hindu-Junge wohl für ein Gesicht gemacht, hätte man ihm die Augen verbunden und ihn die Steine riechen lassen? Natürlich, Kim hätte triumphiert, daß sein Widersacher endlich seine Grenzen aufgezeigt bekommen hätte. Doch, haben Steine eigentlich überhaupt einen Geruch?

Viele Dinge in unserem täglichen Leben riechen. Denken Sie bloß einmal an die Morgenzeitung, der man die Druckerschwärze so richtig *anriecht*. Versuchen Sie einmal, solch einfachen Dingen einen Geruch zuzuordnen.

Mit Speisen und Getränken könnte es losgehen, da riechen wir noch etwas. Aber können wir die Pflanzen im Zimmer an ihrem Geruch unterscheiden? Was riecht stark und was schwach? Steigen Sie in ein Auto, können Sie auf Anhieb entscheiden, ob es von einem Raucher oder von einem Nichtraucher gefahren wird. Doch wie riecht es in einer Buchhandlung, in einem Holzgeschäft, beim Bäcker und beim Fleischer?

Wie riecht es an einem fließenden und wie an einem stehenden Gewässer? Wie nach einem Brand? Riechen ein Gasfeuerzeug und eines, das mit Benzin gefüllt ist, gleich?

Fangen Sie nicht an zu schnüffeln, das kann zur Sucht werden. Aber wie riechen Lacke, Klebstoffe und Farben?

Sogar die Schreibmaschine, an der ich tippe, hat einen ganz bestimmten Eigengeruch. Glühbirnen riechen, eine eingeschaltete Heizung verbreitet einen gehörigen Duft. Daß Tiere und Menschen riechen, wissen wir alle. Bei manchen Chemikalien schließlich muß man sich schon die Nase zuhalten, sonst hält man den Gestank gar nicht aus.

Riechen Sie mal, Sie werden viele Gerüche entdecken!

Topfriecher

Jetzt wird kräftig gerochen, und zwar reihum. Denken Sie sich für jeden Mitspieler Aufgaben aus und fragen Sie, was der eine oder der andere gerne erriechen will. Dabei stellt sich dann heraus, daß viele Menschen felsenfest davon überzeugt sind, sie könnten den und den Geruch aus einer Menge anderer herausfinden – und dann geht es schief.

Was also läßt sich so riechen? Füllen Sie in Schnapsgläschen oder in die kleinen Alutöpfchen von Teelichtern die verschiedensten Pulver und Stoffe. Seien Sie fair; wenn Sie selbst jetzt riechen müßten, hätten Sie ja auch Schwierigkeiten. Wenn Sie also einen Ihrer Mitspieler verschiedene Gewürze erriechen lassen wollen, dann sagen Sie ihm am besten:

»Hier habe ich Majoran, Pfeffer, Curry und Paprika edelsüß... In einer anderen Reihenfolge bekommst du sie jetzt zum Riechen. Finde die Reihenfolge heraus...«

Fruchtfolge

Wenn Sie Früchte erraten lassen wollen, können Sie es ruhig erst einmal mit geschlossenen Früchten versuchen. Das ist jedoch ziemlich schwer. Aufgeschnittene Früchte verbreiten ein weitaus intensiveres Aroma. Stellen Sie einmal einheimische Früchte zusammen, ein anderes Mal exotische, dann Trockenobst, dann wiederum Beeren.

Unser täglich Brot

Wenn Sie mir vier Brötchen hinlegen, sagen wir Sesam, Mohn, Kümmel und ein normales, dann kann ich ganz bestimmt die vier identifizieren. Wenn ich aber Weißbrot, Graubrot, Schwarzbrot, dann noch ein Mischbrot herausfinden soll, hege ich so meine Zweifel am Gelingen.

Verschiedene Käsesorten riechen im allgemeinen auch unterschiedlich. Aber kann man Mehl, Zucker, Salz, Haferflocken, Corn flakes erriechen?

Wie steht es mit Gemüsen – im Rohzustand oder gekocht? Kann man Wal-, Para-, Haselnuß, Cashews und Erdnüsse im Geruch unterscheiden?

 Intensivkurs

Laß mich dein Badewasser riechen

Gestatten Sie es uns, auch eine Seite voller *Suchtspiele* vorzuschlagen. Es rauchen nun einmal (leider) ziemlich viele unter uns – ihr Quantum täglichen Alkohols genießen wohl noch viel mehr Menschen. Dann wollen wir diese mehr oder weniger schlechten Angewohnheiten wenigstens zu ein paar Spielen nutzen.

Für die Freunde des Weines zwei Aufgaben: Sie sollen einmal Anbaugebiete, zum zweiten Rebsorten voneinander unterscheiden. Halten Sie die Nasen ruhig hinein in die Gläser. Die Schnapsdrosseln werden ja wohl noch die verschiedensten Obstschnäpse am Geruch erkennen können. Schwer wird es für die Biertrinker. Aber vielleicht gelingt es, Pils, Alt, Guiness, Weizen und Malzbier zu *unterriechen?*

Rauch stinkt im allgemeinen. Aber den Rauch von Zigaretten, Zigarren, Pfeife, vielleicht auch noch Zigarrillos müßte man eigentlich noch erkennen können. Für langjährige Liebhaber stopfen Sie doch drei, vier schöne Pfeifen mit verschiedenen Tabaken...

Sie brauchen ja nicht gleich mehrere Wannen voller Wasser einlaufen zu lassen. Geben Sie den reinlichsten Spielern ein paar Fläschchen mit Badezusätzen zu riechen. Fichte, Lavendel, sie werden's schon packen.

Hausfrauen dürfen an verschiedenen Backaromen schnüffeln, Kinder an Limonaden.

Wenn es dann immer noch nicht reicht, greifen Sie zur Schokolade. Die brauchen wir nachher auch noch für Schmeckkim-Spiele. Geschmacklich lassen sich die verschiedenen Schokoladen-Sorten ja noch gut unterscheiden, aber im Geruch? Wie riecht eine Trauben-Nuß-Schokolade, wie eine Zartbitter oder gar eine weiße?

Riecht eigentlich Eis?

Naturgerüche

In der Natur verbreiten nicht nur einzelne Pflanzen intensive Gerüche. Versuchen Sie doch einmal, die unterschiedlichen Düfte ganzer Landschaften zu erriechen. Wie riecht eine Moorlandschaft, wie ein Wald, eine Wiese, ein See? Wie riecht es am Meer, wie in einer Sandgrube? Riechen Laubwälder anders als Nadelholz? Verbreiten bestellte Felder einen Geruch – und wie riechen abgeerntete, wie ein Haufen Mais, wie Zukkerrüben?

Was gehört zu wem?

Die Varianten von Riechkim-Spielen sind begrenzt. Deshalb sollten sich die Spieler eine Menge von Kombinationen, vielleicht auch mit anderen Kimspielen, einfallen lassen. Eine Möglichkeit ist beispielsweise das »Was gehört zu wem?«

Bei der Teeparty werden verschiedene Sorten Tee aufgebrüht. Gießen Sie den Tee in Tassen und stellen Sie die offenen Teedosen dahinter. Nun sollen die Spieler riechend und schmeckend Teetassen und Teedosen einander zuordnen.

Stellen Sie gefilterten Kaffee, Express-Kaffee, Tee, Kakao, Caro etc. zusammen. Auf kleine Teller schütten Sie ein wenig Pulver, in Tassen die fertigen Getränke. Nun können Sie Tastkim, Riechkim und Schmeckkim miteinander kombinieren.

Legen Sie auf einen großen Teller vier bis sechs Teelöffel, gefüllt mit verschiedenen Sorten von Marmeladen. In der ersten Runde sollen die Sorten an ihrem Geruch erkannt werden; notieren Sie die Angaben der Spieler. In der zweiten Runde nun dürfen diese schmecken, wobei sie die Riechergebnisse jeweils mitgeliefert bekommen. Es wird so einige *Aha-Erlebnisse* geben.

Färben Sie verschiedene Obstler mit Lebensmittel-Farbe ein. Lassen Sie die Mitspieler sehenden Auges riechen. Die Einfärbung der Schnäpse wird sie verwirren.

Stadtgerüche

Wenn bei uns in Bremen der Wind nach Osten bläst, riecht die ganze Stadt nach Kaffee. Na ja, wir sind halt auch eine Kaffeestadt. Geruchsquellen gibt es jedoch in jeder Stadt. Erinnern Sie sich noch, wie es duftet bei Kirmes, Jahrmarkt, Freimarkt? Kennen Sie den Geruch eines Südfrüchte-Standes? Wie riecht es, wenn irgendwo geschweißt wird? Wie auf einer Baustelle, im Bahnhof an den Gleisen? Haben Sie den Geruch von Tankstellen in der Nase?

Aromaspur

Die Riechrallye oder auch Aromaspur ist ein Spiel für Kinder, Jugendliche und auch für Erwachsene, die jung geblieben sind und sich während eines Spieles nichts daraus machen, auch einmal auf den Knien herumzurutschen.

Zur Vorbereitung legen Sie Tastspuren, indem Sie etwa auf Teppichboden Tesabandstreifen kleben, auf härterem Boden Tesakrepp. Kleben Sie diese Spuren wie ein großes Rasterfeld. Jeweils an den Kreuzungen stehen Dosen mit *starken* Gerüchen. Eine Handbreit vor diesen Dosen wird unter die Spur ein Streichholz gelegt. Das bedeutet: Jetzt Achtung, die nächste Riechprobe folgt.

Spielen Sie mit drei Hauptgerüchen, etwa Kaffee, Käse, Gewürz. Legen Sie die Bedeutung dieser Gerüche fest. So könnte Kaffe *links abbiegen* bedeuten, Käse *rechts abbiegen* und Gewürz *geradeaus weiter*.

Erklären Sie den Mitspielern das Spiel. Dann verlassen diese den Raum und kehren einzeln mit verbundenen Augen zurück. Wer die Rallye schafft, darf auf eine Belohnung hoffen.

Auf der Skizze unten stehen *F* für Kaffee, *K* für Käse und *G* für Gewürz.

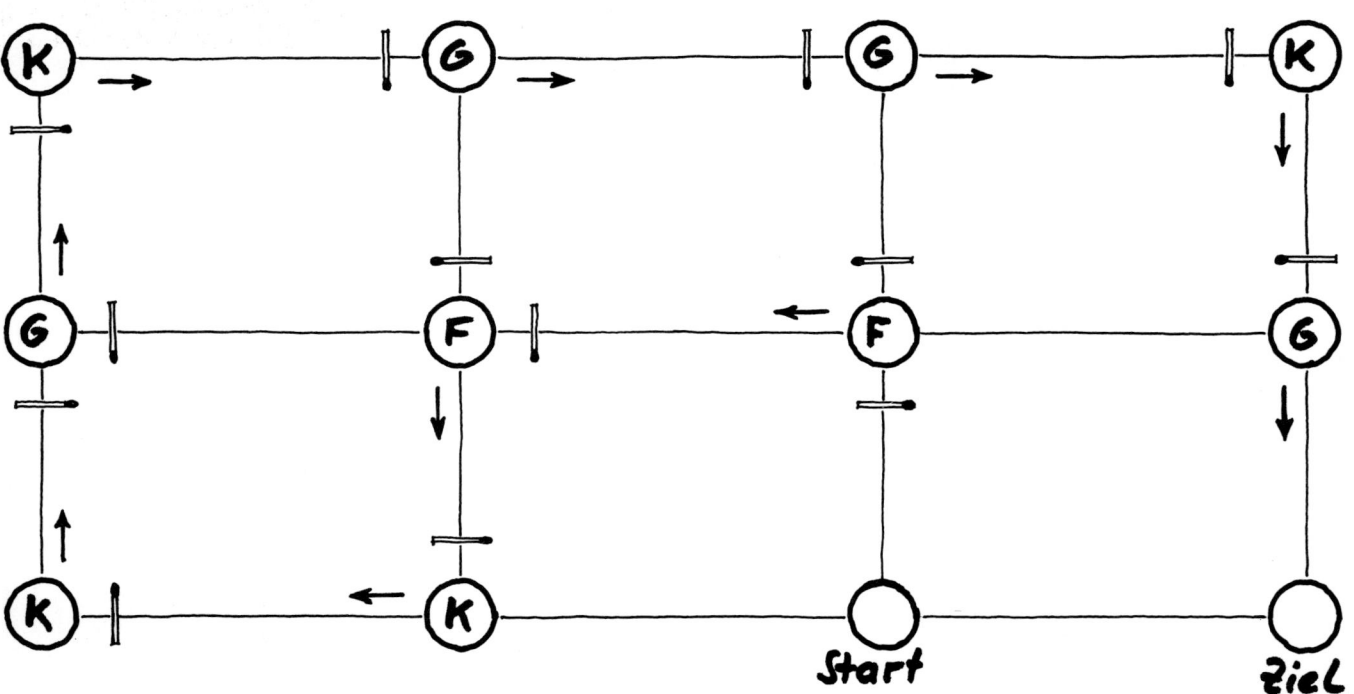

Allerlei aus der Riechkiste

Auf dem Land kann man eine Geruchstour durch ein Dorf veranstalten. Auf welchem Hof wird Viehzucht getrieben, auf welchem vor allem Ackerbau? Wie riechen Kühe, Schweine, Pferde?

Wer kann Milch, saure Milch und Buttermilch voneinander unterscheiden?

Nehmen Sie zwei verschieden geformte Teedosen, etwa eckig und oval, und schütten Sie den gleichen Tee hinein, aber einen, der nicht ganz so stark aromatisiert ist. Nun geben Sie die Dosen einem Blindspieler zum Riechen. Sagen Sie dazu nur: »Hier sind zwei Teedosen. Du sollst riechen, was für Tee in ihnen ist.« Ob der Riecher auf den Trick hereinfällt?

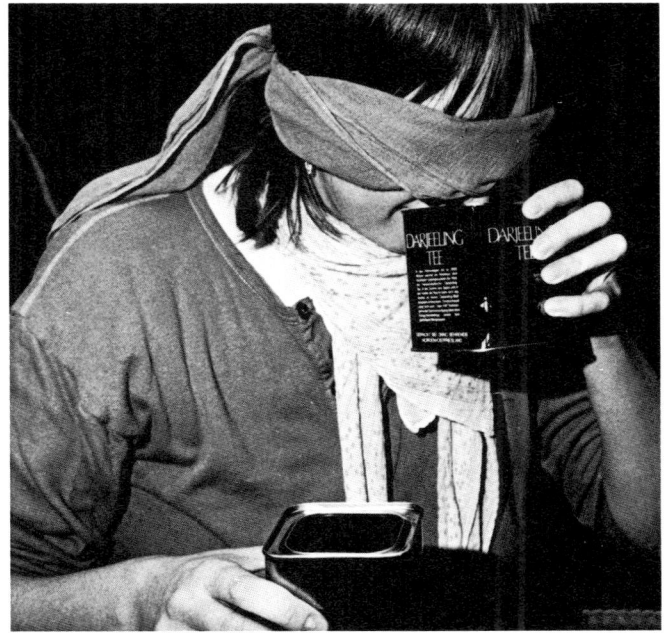

Riechprobe

Hier auf der Seite haben wir zwei Flecken – sie sind mit Kreisen gekennzeichnet – unterschiedlich aromatisiert. Da wir nicht die gesamte Seite aromatisieren konnten (wie soll das gehen bei zwei Gerüchen!), läßt sich gerade eben eine Spur von Aroma feststellen. Unsere Frage dazu (bitte decken Sie jetzt die auf die Frage folgenden Zeilen ab!!!): Nach was riecht der runde Fleck und nach was der ovale?

Wir hoffen, Sie haben abgedeckt. Nicht errochen? Dann hier ein Tip: Welcher Fleck riecht nach Flieder und welcher nach Moschus? Die Auflösung finden Sie auf Seite 118.

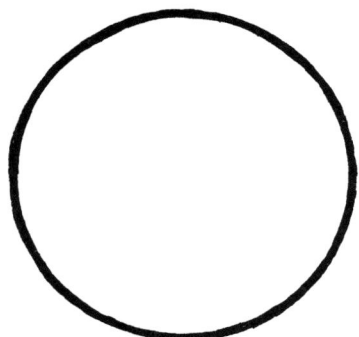

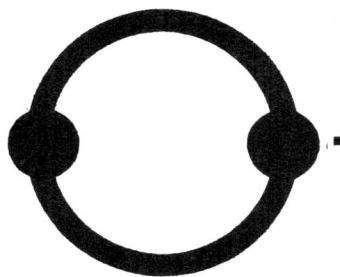

Hörkim

Kennen Sie das? Man hört nachts ein Geräusch und sitzt kerzengerade im Bett. Was war das? Dies Geräusch kenn' ich doch! Und dann wird gerätselt. Unser tägliches Leben ist von einer Geräuschkulisse umgeben. Da wird ein einzelnes, nicht unterzubringendes Geräusch zur Qual. Wie hört sich denn das Umblättern einer Seite an, na?

Mal hören . . .

 ## Hör dich ein

Hauslauscher

Setzen oder legen Sie sich ganz ruhig hin und entspannen Sie sich. Keiner redet, Stille! Stille? Es gibt immer etwas zu hören, die Welt besteht aus Geräuschen. Nehmen wir diese eigentlich noch wahr? Manche Stadtmenschen behaupten, auf dem Lande könnten sie vor lauter Stille gar nicht schlafen.

Haben wir das Hören schon verlernt? Lenken uns die Augen ständig ab? Das wollen wir einmal ausprobieren. Setzen Sie einen Kopfhörer auf, legen Sie eine Cassette oder Platte auf, eine von denen, die Sie schon oftmals gehört haben, und schließen Sie die Augen. Wer hätte gedacht, daß es da so vieles noch nie bewußt Gehörtes gibt.

Hören Sie den Wecker ticken? Nehmen Sie die Geräusche wahr, wenn im Nachbarhaus die Klosettspülung betätigt wird? Setzen Sie sich auf den Balkon oder in den Garten oder auf eine Bank im Park. Welche Geräusche können Sie leicht erkennen, bei welchen müssen Sie die Augen öffnen, um die Geräuschquelle festzustellen? Gibt es noch Vögel in Ihrer Umgebung? Wie hört sich das Rauschen von Blättern an, die vom Wind bewegt werden? Macht das Haus selbst Geräusche – zum Beispiel die Fenster, wenn eine Windboe gegen sie drückt, oder die Dachbalken?

Raumruhe

Menschenlauscher

Bleiben Sie einfach still sitzen und konzentrieren Sie sich auf die Geräusche um Sie herum. Kennen Sie den Schritt desjenigen, der im Treppenhaus gerade die Stufen heraufkommt? Was für ein Fahrzeug befährt gerade unten die Straße? Hören Sie eine Straßenbahn, eine Eisenbahn fahren? Verbinden Sie die Laute mit Geschichten. Aus der Küche kommen Geräusche. Was wird dort gerade getan? Können Sie die Laute mit den Tätigkeiten kombinieren? Wenn jemand von Ihrer Familie den Raum betritt, können Sie an den Geräuschen, die er beim Gehen verursacht, auf die Person schließen? Können Sie Menschen an ihrer Atemweise erkennen, an anderen Körpergeräuschen?

Wenn ein anderer Mensch im Raum ist, achten Sie einmal auf die Geräusche, die er produziert. Das Nasehochziehen und Räuspern klingt bekannt. Kennen Sie die Geräuschfolge, wenn sich jemand eine Zigarette aus der Packung nimmt, in den Mund steckt, sie mit dem Feuerzeug anzündet und zieht? Wie klingt es, wenn jemand einen Schluck aus einem Glas trinkt? Achten Sie beim Telefonieren einmal darauf, was Sie von Ihrem Gesprächspartner außer seinen Worten noch an akustischen Signalen mitbekommen...

Hausmusik

Jeder Gegenstand, wird er bewegt, produziert ein Geräusch. Lassen Sie Ihre Mitspieler die Augen schließen und spielen Sie ihnen ein wenig Hausmusik vor:

Schlagen Sie mit einem Kochlöffel verschiedene Gefäße an, Töpfe, Pfannen, Gläser, Dosen, Flaschen, Porzellan, Pflanzentöpfe, Heizungskörper...

Drücken Sie mit einer Hand die Schneide eines Messers fest auf die Tischplatte, so daß der Griff übersteht. Bringen Sie den Griff mit der anderen Hand zum Wippen und drehen Sie die Schneide hin und her...

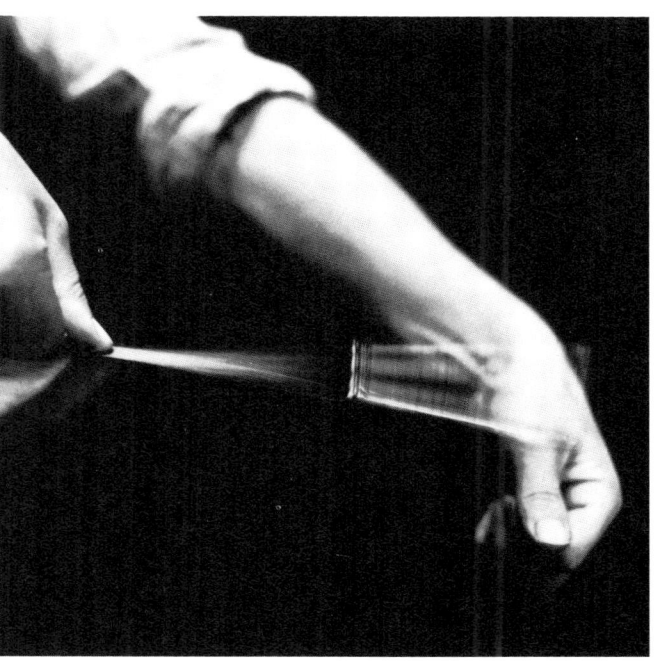

Füllen Sie Gläser unterschiedlich hoch mit Wasser und schlagen Sie leicht mit einem Holzstück dagegen... Streichen Sie mit einem Glas über die Saiten einer Gitarre, schlagen Sie mit einem Schlüsselbund gegen Klaviersaiten...

Bringen Sie alle möglichen Musikspielsachen zum Klingen, Kreisel und Flöten, Mühlen und Ratschen, Trommeln und Trichter, ein Xylophon, Kazoos, Rasseln und Klappern...

Klappern Sie mit Bestecken...

Lassen Sie verschiedene elektrische Geräte laufen, die Kaffeemühle, den Staubsauger, den Mixer, den Durchlauferhitzer...

Lassen Sie Wasser kochen, gießen Sie Flüssigkeit in ein Glas...

Scharren Sie mit einem Schuh, mit dem Stuhlbein...

Schneiden Sie mit einer Schere in ein Blatt Papier; dann schnibbeln Sie in der Luft herum wie bei einem Friseur...

Straßengeräusche

In Aachen, wo ich groß geworden bin, haben wir Jungen sehr oft das Autospiel gespielt: Wir kniffen die Augen zu, einer behielt sie auf. Die anderen mußten nun bei jedem vorbeifahrenden Auto sagen, um welche Marke es sich handelte. Bald schon waren wir Profis in Sachen Motorgeräusche...

Wenn Sie und Ihr Spielpartner also nichts Besseres vorhaben, dann gehen Sie doch in die Stadt. Wo immer besonders viele oder außergewöhnliche Geräuschquellen zu entdecken sind, lassen Sie sich in der Nähe auf einer Bank nieder. Einer schließt die Augen, der andere schaut. Ertönt ein einzelnes, definierbares Geräusch, gibt der Blindspieler die Quelle an, der Sehende überprüft, ob die Angabe richtig ist. Besonders interessant ist das an großen Kreuzungen, in Fußgängerzonen, bei Baustellen, auf dem Bahnhof, in der Post, an einer zentralen Bushaltestelle.

Tonfahrspiel

Fahren Sie mit anderen Spielern im Auto durch die Stadt. Die Mitspieler müssen angeschnallt sein und die Augen verbunden haben. Sie fahren natürlich besonders vorsichtig. Wo immer Sie eine Quelle für das Geräuschspiel entdecken, halten Sie an. Durchs offene Fenster sollen die Geräusche erraten werden. Da gibt es eine Ramme, eine Planierraupe, dort stellen Arbeiter ein Gerüst auf, eine Straße wird gepflastert, eine große Schaufensterscheibe gewaschen...

Im Café

Setzen Sie sich in ein Café und lauschen Sie den dort hörbaren Geräuschen. Versuchen Sie, die Quellen herauszufinden. Hier rührt einer seinen Kaffee um, dort blättert jemand in einer Zeitung. Einer stößt seinen Stuhl zurück, um aufzustehen. Dort hinten geht eine Tür. Das Telefon klingelt. Jemand zählt sein Geld, ein anderer klopft nervös mit den Fingern auf der Tischplatte...

Wassertöne

Nehmen Sie sich eine einzige Geräuschquelle vor – in ihren vielfältigen Auswirkungen. Wir haben das hier mit Wasser gemacht. Wie klingt es, wenn ein Auto durch eine Pfütze fährt, wie hört sich Regen auf einer Wasserfläche an, wie rauscht ein Springbrunnen, wie schlürft ein Gulli das Wasser gierig in sich hinein? Wie klingen die Geräusche verschiedener Wasserquellen zu Hause?

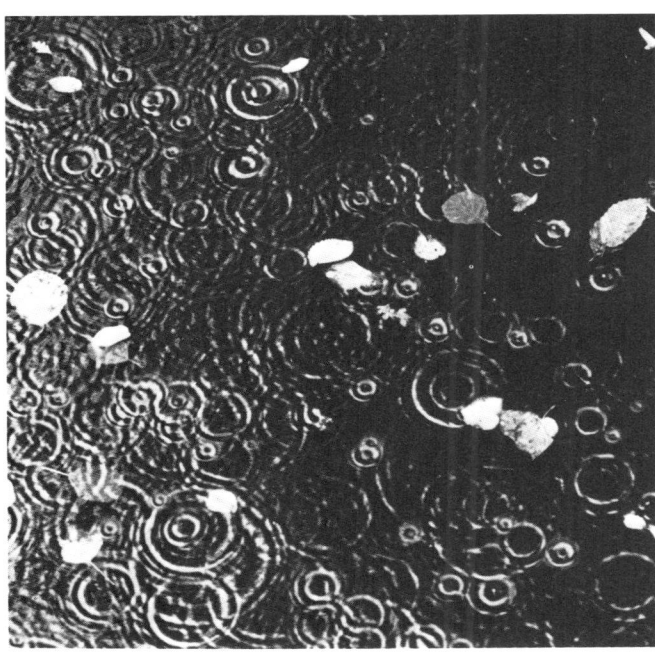

 # Tontrickser

Geräuschmeister

Für ein Geräuschequiz gibt es zwei Möglichkeiten. Zum einen wandern Sie kreuz und quer mit dem tragbaren Tonbandgerät durch die Stadt und nehmen *life* Geräusche auf, zum Beispiel Schritte (schnell, langsam, laufen, rennen), Fahrzeuge (anfahrend, bremsend, Quietschen in der Kurve), Regen, Hagel, Donner, Schienenfahrzeuge und Baugeräte. Darunter kann man dann zu Hause eine tickende Uhr, Telefonzeichen und Erkennungsmelodien aus Funk und Fernsehen mischen. Mit einem zweiten Recorder mischen und dann laufen lassen; die Mitspieler sollen die Geräusche erkennen.

Die zweite Möglichkeit ist die, daß Sie vor sich alle notwendigen Gerätschaften aufbauen und Ihre Mitspieler die Augen schließen müssen. Nun erzeugen Sie Geräusche – schütten Sie Streichhölzer auf den Tisch, zerknüllen Sie Alufolie, Reiben und Blasen mit Luftballons, die auch mit Kügelchen gefüllt werden können. Klopfen Sie mit Schalenhälften von Kokosnüssen auf verschiedene Unterlagen, Sand, Filz, Holz, Stein, Wasser... Imitieren Sie mit Folie ein Feuer, zerbrechen Sie dabei ein Holz. Lassen Sie einen an eine Schnur gebundenen Stein kreiseln. Erzeugen Sie in einer Wasserschüssel mit der Hand Wellen. Halten Sie einen dicken Karton an einer Ecke und schwingen Sie ihn – es donnert. Schrauben Sie einen Verschluß auf, lassen Sie ein Gummi flitschen und so weiter.

Wird nicht verraten!

Welches Geräusch läßt sich täuschend ähnlich produzieren, wenn Sie Reis auf eine Pappschachtel rinnen lassen? Wird nicht verraten, tun Sie's mal. (Wird doch verraten, auf Seite 118)

Menschenmusik

Mit unseren Körpern können wir eine ganze Reihe von Lauten produzieren. Dafür benutzen wir einfach den Körper als Resonanzraum. Doch zur Menschenmusik zählt man auch Händeklatschen, Fingerschnalzen und ähnliches.

Ein Spieler sitzt auf einem Stuhl. Der andere steht hinter ihm und erzeugt Körpermusik, die erraten werden soll. Dabei soll das Geräusch nicht benannt, sondern nachgemacht werden.

Da kann man schnalzen, klatschen, reiben, trommeln, klopfen, zupfen, stampfen, die Nase hochziehen, gegen den aufgeblasenen Bauch schlagen, sich leicht gegen eine Wange klopfen und dabei die Mundstellung verändern, sich kratzen, den Atem stoßweise herausdrücken.

Kreislaute

Setzen Sie sich in einen Stuhlkreis. Einer gibt einen Laut in die Runde, die nächsten müssen ihn reihum wiederholen. Etwa in der Mitte der Spieler angelangt, wird ein neuer Laut ausgegeben. Die Laute begegnen sich, neue kommen hinzu. Man kann auch eine ganze Lautkette produzieren und weitergeben. Oder an die Gruppe werden vier Laute verteilt, je einen an jeden Spieler. Nun müssen sich die Spieler mit den gleichen Lauten zusammenfinden, aber blind. Sie können auch in jede Raumecke einen Geräuschemacher stellen. Die Spieler bekommen je ein Geräusch und sollen in ihre Ecke gehen. Was aber, wenn in zwei Ecken die gleichen Geräusche gemacht werden?

Allerlei aus der Hörkiste

Ein tickender Wecker wird im Raum versteckt, einer muß ihn finden.

Es ist mucksmäuschenstill. Jemand geht durch den Raum, ein Blindspieler muß mit dem Finger zeigen, wo sich der Gehende gerade befindet.

Schicken Sie einen Spieler vor die Tür. Nun verteilen Sie an die Gruppe Wörter, die einen Satz ergeben, Silben, die ein Wort ergeben oder Töne, die eine Melodie ergeben. Kommt der Spieler in den Raum zurück, singt oder schreit alles durcheinander. Vielleicht sollte man besser gleich zwei oder drei Leute hinausschicken, die sich dann helfen können.

Übrigens: Klingt es nicht ganz schön unheimlich, wenn man durch einen Tunnel geht?

⬭ Menschengeräusche

Wer spricht da?

Wer singt da?

Wer redet da durcheinander?

Wer streitet sich da?

Verstellen Sie Ihre Stimme.

Husten, Nase putzen, Räuspern, Rülpsen (Pfui!). Tierstimmen nachmachen.

Schnarchen, Röcheln, Stöhnen, Seufzen.

Lachen.

Zu guter Letzt

Füllen Sie doch einmal Streichholzschachteln mit verschiedenen Gegenständen und rappeln Sie damit – Heftzwecken, Kaffeebohnen, Zucker, Tee, kleine Geldmünzen, Stecknadeln...

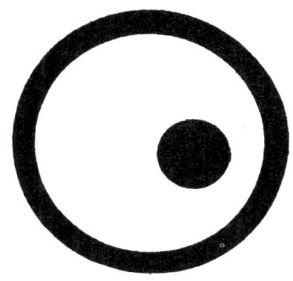

Schmeckkim

Die Geschmäcker sind verschieden, sagt man so schön, und: Über Geschmack läßt sich nicht streiten. Doch auch wenn Rauchen und Nullachtfuffzehn-Kost die Geschmacksknospen nicht gerade erblühen lassen, so einiges läßt sich schon noch unterscheiden, obwohl auch manche Kenner in ihren Spezialgebieten Schwierigkeiten bekommen können. Glauben Sie's?

Mal schmecken...

⊙ Farbe bekennen!

Ich war einmal zu einer Party eingeladen, zu der sich der Gastgeber etwas Besonderes ausgedacht hatte. Bei einem befreundeten Bäcker hatte er farbiges Brot backen lassen. Das grün und rot eingefärbte Brot sah so scheußlich aus, daß sich manche Leute einfach nicht überwinden konnten, davon zu essen. Hätte man ihnen die Augen zugebunden, das Brot hätte ihnen köstlich gemundet.

Beim Schmeckkim können wir also sowohl mit verbundenen Augen spielen als auch mit offenen, wenn man im letzteren Fall Lebensmittelfarbe verwendet. Sie läßt sich bei jeder Art Flüssigkeit, Teig, Brei oder ähnlichem einsetzen (seitdem wir unser Kimspielfest gefeiert haben, färbt sich mein Sohn Andreas ständig seinen Kaffee ein!).

Limosprudel

Schenken Sie in ein Glas Orangenlimonade und füllen Sie drei andere mit klarem Sprudel, also Mineralwasser. Färben Sie den Sprudel grün, rot und gelb ein. Nun geben Sie ihn einem Mitspieler zu kosten... Erstaunliche Erfolge erzielt auch rot gefärbter Wein – kein Mensch kommt auf Weißwein, aber alle suchen mit Kennermiene das Anbaugebiet.

Prost

Wer hat das nicht schon einmal gehört, daß dies und dies Bier scheußlich schmecke, das andere aber ganz hervorragend. Wir haben die Probe gemacht. Verschiedene Bierarten auseinanderzuhalten, das ist noch relativ einfach: Pils, Export, Weizen, Alt, Malz und Bockbier findet man heraus. Doch als ich einem Freund drei verschiedene Pils-Sorten zu trinken gab, konnte er die Unterschiede nicht feststellen. Dabei waren es (lieber keine Namen nennen) ein edles, teures Flaschen-Pils, ein gutes Dosen-Pils und ein ganz billiges Pils ebenfalls aus einer Dose. Nichts zu machen, er fand keinen Unterschied.

Doris dagegen, unsere Weinexpertin, bekam drei Gläser Wein zu kosten – und schaffte es mit Leichtigkeit, die drei den Flaschen zuzuordnen, aus denen sie stammten. Nun waren das ein Rheinhessen, ein Rheinpfälzer und ein Rosé aus Frankreich, also sicher nicht die höchste Stufe der Schwierigkeit. Brüstet sich einer Ihrer Mitspieler gar stark, er fände jeden Wein heraus, dann geben Sie ihm doch drei Weine gleicher Rebsorten oder drei aus einem einzigen Anbaugebiet zu probieren.

Unsere Jugendlichen taten sich mit der Cola doch schwerer als erwartet. Dennoch wurde die billige Cola herausgefunden – und zwar anhand der flauen Kohlensäure.

Für Kindergeburtstage eignet sich dieses Spiel mit Milchshakes. Und Sie selbst, können Sie tatsächlich gefilterten, aufgebrühten und Expresskaffe auseinanderhalten? Sind Sie sicher?

Mahlzeit!

Wenn Sie schon feiern und Ihren Gästen auch etwas gegen den Hunger reichen wollen, verbinden Sie das doch gleich mit ein paar Kimspielen. Sie könnten ja ein kaltes Büffet zurechtstellen, vorher jedoch mit dessen Einzelteilen die Gäste zum Kimspielen bringen.

Bei allen Schmeckspielen gibt es drei Möglichkeiten. Entweder Sie zeigen dem Spieler vorher die vier oder fünf verschiedenen Sorten, verbinden ihm dann die Augen und lassen ihn die richtige Reihenfolge herausfinden. Oder Sie lassen den Blindspieler kosten, sagen ihm aber vorher, welche Sorten im Spiel sind. Die dritte, schwierigste Möglichkeit ist, ihn ganz ohne Vorbereitung ins Rennen zu schicken.

Die Zutaten

Haben Sie die Zutaten für einen Rohkostsalat vorbereitet? Dann lassen Sie die Mitspieler kosten. Sellerie werden sie von Kohlrabi unterscheiden können, aber auch Rotkohl von Weißkohl? Der nächste Spieler darf dann die Salatsaucen probieren. Danach zum Brot. Aber geben Sie nicht gleich eine ganze Scheibe zur Probe, sondern kleine Stückchen, bei denen weder Hand noch Zunge viel fühlen können. Wer wird Wurstkönig und kann Salami, Cervelatwurst, Mettwurst und Plockwurst voneinander unterscheiden? Danach nehmen Sie's von der Käseplatte. Doch machen Sie nicht den gleichen Fehler wie wir – geben Sie dem Probierer nicht als erste Sorte den scharfen Emmentaler zu kosten. Danach kann er nämlich so feine Unterscheidungen wie Gouda, Butterkäse etc. nicht mehr vornehmen...

Früchtchen

Bei Kimspielen mit Früchten können Sie kreuz und quer miteinander vermischen. Sie müssen jedoch das Obst in ganz kleine Stückchen teilen, sonst können Zunge, Gaumen und Lippen zuviel erfühlen.

Gruppieren Sie immer gleichartige Früchte; einem Spieler sollten kleine Stückchen Zitrusfrüchte vorgelegt werden, Apfelsine, Mandarine, Pampelmuse, Zitrone...

Ein anderer Spieler darf weiche Exoten versuchen – Banane, Kaki, Kiwi, Ananas.

Wieder ein anderer fühlt sich stark im einheimischen Obstgarten; ob er Apfel und Birne, Pflaume und Kirsche unterscheiden kann? Wenn es zu einfach ist, mischen Sie doch zwei Apfelsorten darunter. Hat jemand Lust auf Beeren? Auch da gibt es eine ganze Menge.

Haben Sie keine frischen Früchte zu Hand, können Sie auch mit Marmeladen spielen. Die sind zumeist alle so süß, daß sich fast kein Fruchtunterschied mehr feststellen läßt.

Zu guter Letzt dürfen die Nußexperten ran. Aber hier gilt ganz besonders: Teilen Sie die Nüsse in kleine Splitter, sonst lassen sie sich unschwer an ihren Formen erkennen. Mandeln, Erdnüsse und Paranüsse sind von der Form her wirklich kinderleicht zu unterscheiden, aber geraspelt?

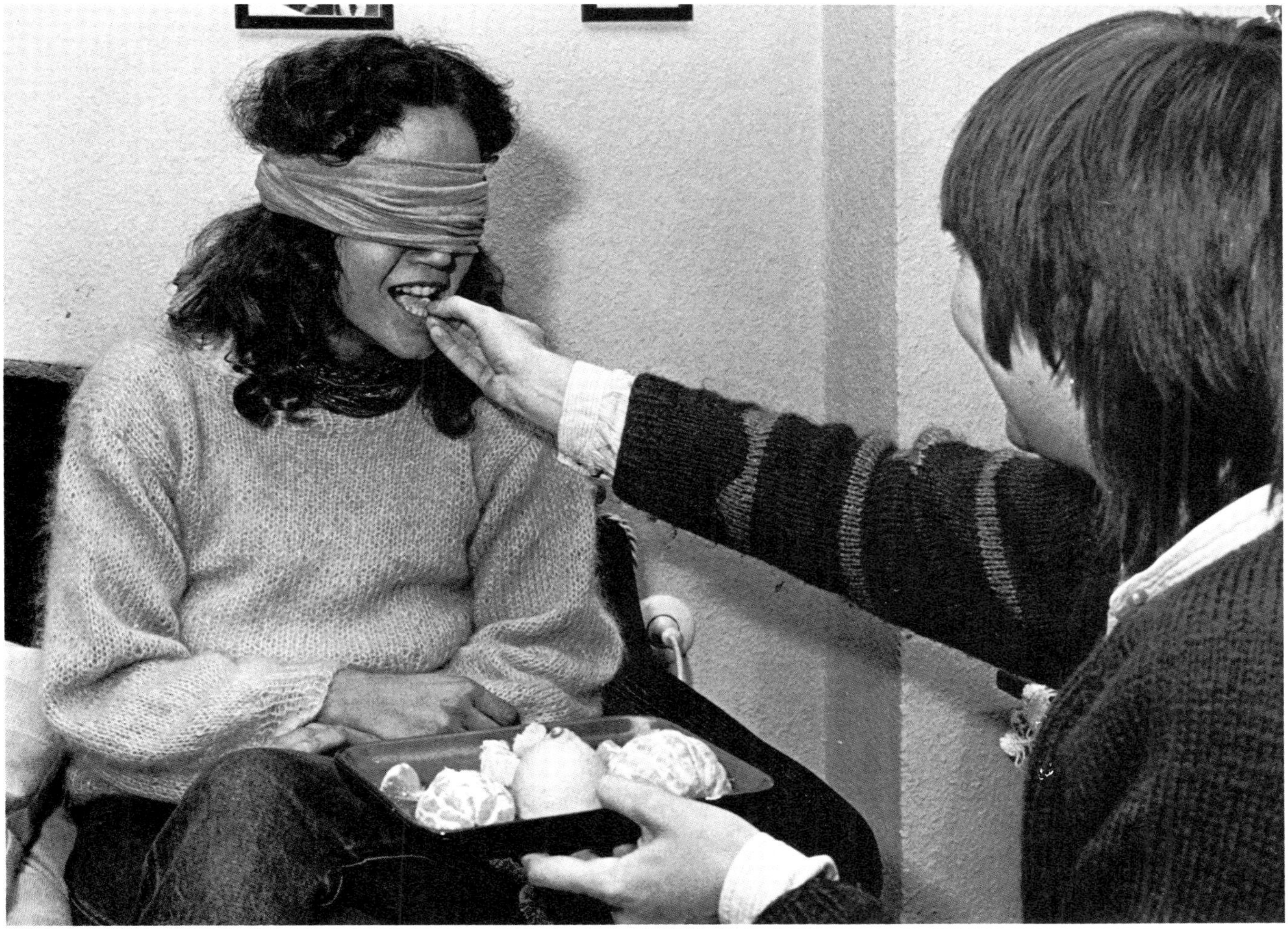

 ## Würzig

Currywurst

Mit Gewürzen ist es so eine Sache. Wenn sie in den Speisen fehlen, schmeckt alles oft flau. Viele Gewürze kann man auch riechen. Nur, schmecken tun sie im puren Zustand entweder gar nicht oder gar nicht so, wie sie in den Speisen schmecken.

Machen Sie einmal die Probe und geben Sie ihren Mitspielern Gewürze pur zum Schmecken – nicht viel, immer nur einen Hauch. Am besten, die Spieler tippen selbst mit einem angefeuchteten Finger auf einen kleinen Teller mit Gewürz. Dann schmecken sie und sollen den Namen des Gewürzes finden. Sie werden feststellen: Bei einigen Gewürzen ist es einfach, sie herauszuschmecken – zum Beispiel Curry, Muskat, Pfeffer. Aber kann man zwischen rotem, schwarzem, grünem und weißem Pfeffer einen Unterschied feststellen? Können Sie mit Hilfe des Gaumens Bohnenkraut, Majoran, Oregano und Dillspitzen unterscheiden?

Auf Festen von Jugendlichen ein Hit: Bockwurst oder Bratwurst werden in Scheiben geschnitten und mit den verschiedensten Saucen versorgt – Mayonnaise, Ketchup, Currysauce, Senf... Stecken Sie ein Holzspießchen durch die Wurstscheibchen, und dann lassen Sie schmecken. Da stehen Sie drüber? Wieso gibt es beim Beginn eines Fleischfondues immer die langatmigen Erklärungen der Hausfrau zu selbstgemachten und anderen Saucen? Versuchen Sie es doch einmal ohne diese Hilfen...

Das ist ja süß

Schokovielfalt

Nun denn, hier kommt die langerwartete Runde für alle Schleckermäuler. Beginnen wir mit Joghurt – wie Oliver auf unserem Bild. Schöner noch, wenn zwei oder drei Leute gleichzeitig kosten. Stellen Sie die Fruchtjoghurts in eine bestimmte Reihenfolge, damit es nachher keinen Krach gibt und Sie selbst sich nicht vertun. Dann bekommt jeder seinen Löffel Kirschjoghurt, Himbeerjoghurt, Pfirsichjoghurt und so weiter. Machen Sie aber bei vier oder höchstens fünf Proben Schluß.

Die nächsten drei dürfen das Spiel mit Pudding versuchen, dann wieder andere mit Wackelpudding.

Schokoladensorten gibt es auch schon wie Sand am Meer, eine gute Voraussetzung für ein Schmeckkim. Also brechen Sie verschiedene Tafeln in Stückchen (es gibt sogar Packungen mit verschiedenen Sorten darin zu kaufen). Schieben Sie immer mal einen Gag ein, zweimal das gleiche Sortenstück etwa. Das Ganze läßt sich genauso gut mit Kuchen spielen und – als Gipfel der Geschichte – auch mit Eissorten, klar. Besonders günstig ist dabei, daß viele Eissorten nicht allein durch Farbe und verarbeitete Stückchen zu identifizieren sind. Hier können Sie also ruhig einmal das Kommando »Augen zu!« weglassen – und es ist noch immer schwierig genug, das Ziel zu erreichen.

Gourmetspiele

Es gibt weiterhin Leute, denen die ganzen bisher vorgeschlagenen Geschmacksspiele zu öde, zu einfach sind. Also müssen Sie sich für diese Gourmets etwas Besonderes ausdenken.

Vielleicht fertigen Sie nach einschlägigen Kochbüchern verschiedene Saucen an, etwa die berühmte Sauce Béarnaise und ihre weniger gerühmte Schwester Hollandaise. Kein Problem, sagt der Gourmet und schreitet zur Tat. Natürlich findet er auch die Geschmäcker heraus, so schwer ist das nicht.

Nun haben Sie aber boshafterweise – und weil sich sonst die ganze Arbeit doch nicht richtig lohnt – die beiden Saucen ein wenig variiert, hier etwas mehr Salz hineingegeben, dort ein gar nicht angebrachtes Gewürz, natürlich dezent. Wird Ihr Gourmet herausfinden, was da nicht so ganz stimmt? Wenn ja, dann haben Sie einen harten Brocken erwischt. Erklären Sie ihn zum Gaumenspezialisten – und brüten Sie bis zum nächsten Mal irgendeine ganz schwierige Geschichte aus. Viel Glück.

Allerlei aus der Schmeckkiste

Färben Sie doch einmal Kartoffelpürree so richtig grün ein (mit Lebensmittelfarben natürlich), dazu gibt es blauen Spinat und ein Schlückchen blauen Wein. Verbinden Sie einem hungrigen Gast die Augen und lassen Sie ihn die Hälfte des Mahles voller Genuß verspeisen. Dann nehmen Sie ihm die Binde ab. Was passiert?

Haben Sie ausländische Freunde? Laden Sie sie ein und lassen Sie Gläser mit Wein herumgehen. Jeder soll den Wein aus seinem Heimatland herausfinden.

Wie wär es denn mal mit einem Eintopf, zu dem Sie die Freunde einladen? Doch nur wer alle Zutaten herausfindet, darf einen Nachschlag haben.

Backen Sie in der Adventszeit Plätzchen? Versuchen Sie es doch einmal mit verschiedenen Gewürzen – aber machen Sie Zeichen auf die Plätzchen, damit Sie wissen, welches Gewürz in welchem Plätzchen ist...

Denkkim

Denken soll ein Sinn sein? Etwa der sechste Sinn? Es gibt viele Dinge, die sich einprägen, die man wahrnimmt, ohne daß ein bestimmter Sinn angesprochen wird. Überlegen, knobeln, schätzen, über den Daumen peilen, all das gehört zum Denkkim – meist eingeleitet mit dem Standardsatz »Ich würde sagen...« Ist das eigentlich richtig?

Mal denken...

Menschenbild

Wieviel Aufmerksamkeit widmen wir eigentlich dem Erscheinungsbild von Menschen um uns herum? Wie oft fällt das fast klassische »Du hast gar nicht gemerkt, daß ich eine neue Frisur (oder sonst etwas) habe...« Schauen wir nicht genau hin – oder über Gewohntes hinweg? Kleiden wir doch die Fragestellung in ein paar Spiele.

Alle schließen die Augen. Dann werden Fragen zur Zusammensetzung der Gruppe gestellt:

Wie viele Männer, wie viele Frauen?

Wie viele Brillen- und wie viele Bartträger?

Welches Kleidungsstück überwiegt?

Fragen Sie nach Jeans und Turnschuhen, nach Eheringen, nach allen äußerlichen Attributen...

Ausgeblendet

Schicken Sie unbemerkt jemanden aus dem Raum und fragen Sie nach ihm. Oder verdunkeln Sie den Raum und stecken Sie einen Spieler unter eine Decke.

Beschreibungen

Ein Spieler beschreibt die Eigenschaften eines anderen. Der wird nicht beim Namen genannt und muß herausgefunden werden. Oder benutzen Sie Bilder für die Beschreibung, etwa »Wäre sie eine Farbe, sähe ich ein leuchtendes, warmes Rot...« »Wäre er ein Tier, würde er brüllen wie ein Löwe, laut, aber gutmütig...«

Gruppenbild

Vorschläge

Wir haben alle unsere Vorurteile – und mit ihnen zu kämpfen. Das läßt sich in einem Spiel verdeutlichen, das zudem noch sehr lustig werden kann. Es geht um die Charakterisierung einer bestimmten Gruppe. Ein Spieler denkt sich eine solche Gruppe aus und gibt nun Einzelbeschreibungen. Die Mitspieler versuchen, die gemeinte Gruppe so schnell wie möglich herauszufinden. Ein Beispiel (die Auflösung steht auf der Seite 118):

Sie tun etwas, was eigentlich nur Männer tun. Sie tun es in ihrer Freizeit.

Viele lachen über sie.

Langsam setzt sich aber das, was sie tun, durch; sie werden immer mehr anerkannt.

Sie tragen sogar schon Meisterschaften aus. Sie sind manchmal härter als Männer.

Sie kleiden sich gleich.

Sie brauchen Kondition.

Auch sie kugeln sich bei Erfolgen wie eine Traube auf der Erde.

Profis gibt es bei ihnen noch nicht. Aber das kommt vielleicht bald.

Sie erscheinen viel seltener in den Medien als ihre männlichen Kollegen...

Sie können das Spiel nach Wunsch variieren. Beginnen Sie zur Einstimmung etwa mit *Schauspieler* oder mit *Briefträger* oder *Sekretärinnen*. Dann darf es ruhig etwas spezieller werden, witzig oder auch ernst. Ein paar Beispiele.

— die spielende Runde
— die Leute, die morgens mit Bus und Bahn zur Arbeit fahren
— die Frauenriege der Fallschirmspringer
— Pastorinnen
— unsere Stadträte
— die Politiker einer bestimmten Partei
— eine Reisegesellschaft in El Salvador
— die Vögel bei einer Ölpest
— die Robbenjungen, kurz bevor sie erschlagen werden
— die Menschen auf der Erde

Ist schließlich die gedachte Gruppe herausgefunden, folgt meist ein Gespräch über die geschilderten Eigenschaften – Eindrücke? Vorurteile?

Otto

Ein Spiel zum Denken. Versuchen Sie ruhig, das herauszufinden, was dahinter steckt. Wenn alle Stricke reißen, können Sie ja auf den Lösungsseiten nachschauen. Also:

Otto ist ein verbissener Nichtraucher
aber Zigarren, Zigaretten mag er sehr gerne

Otto wäscht sich nie
aber er liebt Wasser über alles

Otto hat nie Geld
er macht aber immer Kasse

Otto ißt nie
ist aber immer satt

Otto haßt den Ozean
liebt aber das Meer und die See über alle Maßen

Otto mag kein Eis
aber Schnee

Otto hat keinen Mut
ist aber Fallschirmspringer

Otto fürchtet sich vor Mäusen
und hat Ratten ins Herz geschlossen

Otto kann mit Seilen nicht umgehen
ist aber Lassowerfer

Na, haben Sie schon eine Spur? Achten Sie einmal darauf, was Ottos Vorlieben gemeinsam haben. Noch einen kleinen Nachschlag? Na gut:

Otto spielt nie Toto
aber jede Woche Lotto

Otto mag keine Klauen
aber Krallen

Otto mag keine Klaviere oder Orgeln
aber Spinett und Gitarre

Otto hat's nicht gerne weich,
lieber in Watte gepackt...

Ich denke an...

Nehmen Sie sich einen Freund oder eine Freundin vor, aber sagen Sie nicht, wen Sie meinen. Nun drücken Sie die Vorliebe und Abneigungen des zu Erratenden in ganz konkreten Dingen aus. Die Mitspieler müssen nun herausfinden, wer der Gesuchte ist. Es kann auch ganz witzig sein, wenn dieser dabei ist. Wer ihn erraten hat, ruft nicht den Namen, sondern fügt nun seinerseits Vorlieben und Abneigungen bei, die vielleicht nur er von dem zu Erratenden kennt. Sogar die betreffende Person selbst kann mitspielen – bis sie auch vom Letzten gefunden worden ist.

Sex and Crime

Noch solch ein Spiel, bei dem die Lösung gesucht wird. Ein oder zwei Mitspieler verlassen den Raum. Sie erklären den anderen das Spiel und rufen nach ein paar Minuten den oder die Mitspieler wieder herein.

Nun erklären Sie den beiden:

»Wir haben uns eben eine Geschichte ausgedacht. Sie ist ein bißchen wie ein Krimi, ein bißchen Sex kommt auch darin vor, aber vor allem ist sie lustig. Ihr müßt nun die Geschichte durch Fragen herausfinden. Wir dürfen nur mit JA oder NEIN antworten, also stellt eure Fragen so, daß wir sie auch beantworten können. Fragt nach den handelnden Personen, nach dem Ort und der Zeit, versucht, der Sache auf die Spur zu kommen. So, und nun geht's los, wir sagen nur noch JA oder NEIN.«

Die beiden stellen Fragen, die anderen antworten. Dabei ist der Witz an der Geschichte, daß sie gar nicht existiert. Es kommt nur auf die Fragen an; endet der letzte Buchstabe des Fragesatzes mit einem Vokal, also mit a, e, i, o, u – dann sind alle begeistert, rufen »Ja« und »Wie seid ihr bloß darauf gekommen« und »Richtig, weiter so...«; endet der letzte Buchstabe der Frage mit einem Konsonanten, dann rufen Sie ganz enttäuscht »Nein« und »Schade« und so...

Sind die beiden Frager gut in Form, bekommen Sie eine herrliche Geschichte erzählt. Tun sie sich sehr schwer, dann brechen Sie beizeiten ab. Als Rater sind vor allem Leute mit Humor und Phantasie erwünscht.

Damit nichts schief geht, hier noch einmal Beispiele:

Frage: »Kommt in der Geschichte eine Frau vor?«

Antwort: »Nein!« – Die Frage endet auf r, also Konsonant.

Frage: »Spielt in der Geschichte eine Frau eine Rolle?«

Antwort: »Ja!« – Die Frage endet auf e, also Vokal.

Da die gleiche Frage, verschieden gestellt, einander widersprechende Auskünfte hervorlockt, ist es für die Rater manchmal sehr verwirrend. Also helfen Sie ihnen, animieren Sie sie immer wieder, machen Sie Mut.

Die Reise nach Alaska

Eines der schönsten Kreisspiele mit fast unendlichen Variationsmöglichkeiten ist die Reise nach Alaska, nicht zu verwechseln mit der nach Jerusalem. Die Spieler sitzen gemütlich im Rund. Einer erklärt die Aufgabe: Jeder soll zur Reise nach Alaska etwas mitnehmen. Dabei gibt es aber eine Regel, die man herausfinden muß, sonst wird es mit Alaska nichts. Die erste Regel denkt sich der Spielleiter aus. In der zweiten Runde kann dann schon ein *Neuer* eine Idee beisteuern und die Spielleitung übernehmen.

Was aber ist nun die Regel? Kennen sich alle in der Runde, ist das erste Spiel meist das mit dem Anfangsbuchstaben des Vornamens. Also, wer mitfahren will, muß etwas mitnehmen, dessen Anfangsbuchstabe dem des eigenen Namens entspricht. Ich, Hajo, darf also mit, wenn ich einen Hasen, eine Hortensie, mein Hochschulabschlußzeugnis mitnehme. Ulla und Ulli dürfen mit, wenn sie eine U-Bahn, eine Unterhose, ein UFO mitnehmen.

Haben alle die Regel herausgefunden (nach vier, fünf Runden sollte man die Sache so deutlich wie möglich machen, sonst entstehen Längen), dann sind sie natürlich erst einmal auf Buchstaben und ähnliches fixiert. Dann spielt man am besten die zweite Runde mit einer ganz anderen Regel, etwa: Man muß sich vor der Nennung des Gegenstandes am Kopf kratzen, die Nase hochziehen, mit der Hand das Gesicht abstützen (unser Foto). Sie können natürlich in gemütlicher Runde auch vor jeder Nennung einen kleinen Schluck trinken – da kommt so schnell keiner drauf.

Profis denken sich schwierigere Sache aus. Beispiel: Alles, das klettern kann ...

Spürnasen

Kennen Sie den schon? Nein, jetzt kommt kein Witz, sondern ein Spiel. Die Regeln sind ganz einfach: Der Erzähler gibt einige wenige Informationen, die erst einmal nicht viel Sinn und Zusammenhang ergeben. Die Mitspieler bestürmen den Erzähler nun mit Fragen, die dieser nur mit »Ja« oder »Nein« beantworten darf. Am Ende steht dann eine zwar logische, aber meist ziemlich unwahrscheinliche Story. Wollen Sie es einmal versuchen? Also gut: – Doch decken Sie vorher die letzten Absätze auf dieser Seite zu, die enthalten nämlich die Lösungen für die Geschichten. –

1. Ein Mann betritt ein Zimmer, fühlt an einem im Raum stehenden Schrank – und erschießt sich! Waaas? Doch, das stimmt und ist logisch!

2. Einer kommt mit einer Aktentasche in einen Keller. In der Tasche hat er einen Haken und ein Seil. Am nächsten Tag findet man ihn erhängt. Wie ist das bloß geschehen – wo doch der Keller total leer war?

3. In einer Zeitung erscheint eine Anzeige mit folgendem Wortlaut: »Suche rechten Arm; hohe Belohnung«. Einen Tag später wird im Hafen eine Leiche angeschwemmt, eine einarmige.

Zugegeben, es ist nicht schön, daß diese Geschichten immer so makaber sind. Es wäre ein lohnendes Werk, neue und weniger blutrünstige zu erfinden.

Jetzt aber erst einmal knobeln – dann die Lösungen lesen. Überraschen Sie Ihren Spielkreis beim nächsten Treffen mit einer neuen Geschichte (die hier kennen sie vielleicht dann schon!).

Zu 1. Ein Liliputaner arbeitet als der kleinste Mann der Welt beim Zirkus. Zusätzlich ist er aber nun auch noch blind. Er hat ständig Angst zu wachsen, weil er dann seinen Job als kleinster Mann verlieren würde. Also überprüft er jeden Tag am Schrank in seinem Zimmer seine Größe. Sein Widersacher nun, der klassische Schuft, ist der zweitkleinste Mann der Welt. Er sägt eines Tages die Schrankfüße ein wenig ab. Schon denkt der kleinste Mann, er sei gewachsen. Er sieht keinen Ausweg – und erschießt sich.

Zu 2. Ganz einfach: In der Aktentasche befand sich außerdem noch ein Eisblock. Dieser taute, nachdem der Lebensmüde ihn als Podest benutzt hatte, und hinterließ keine Spuren.

Zu 3. Es klingt vielleicht gemein, aber bei dieser Geschichte wollen wir die Lösung nicht verraten. Knobeln Sie.

Menschentausch

Wer fände nicht schon einmal Lust daran, einen anderen Menschen nachzumachen, nachzuäffen, dessen Verhaltensweisen zu überzeichnen. In diesem Spiel geht es darum, die Nachahmung in Grenzen zu halten, nichts zu überzeichnen, sondern so dezent wie möglich in die Rolle eines anderen zu schlüpfen. Machen wir den Menschentausch:

Die Namen aller Mitspieler werden auf einzelne Zettelchen geschrieben. Danach zieht jeder einen Zettel und muß den gezogenen Mitspieler verkörpern. Dabei sind Gestik und Mimik genauso erlaubt wie Sprechen, Lachen, Körpersprache.

Spielen Sie nun Rollen entweder in kleinen Teams vor; das ist einfacher – die anderen können sich darauf konzentrieren. Oder Sie spielen alle gleichzeitig. Das erfordert viel Konzentration; man muß die gezogene Rolle durchhalten und noch auf das Spiel der anderen achten. Auf jeden Fall sollen die Rollen geraten werden.

Manchmal reichert ein Zufall dieses Spiel noch an: Wenn nämlich jemand sein eigenes Namenszettelchen zieht...

Witziges

Es gibt eine ganze Reihe beliebter Denkaufgaben, zum Beispiel mit Streichhölzchen – etwa aus einem mit vier Streichhölzern gebildeten Kreuz durch Umlegen eines einzigen Holzes ein Quadrat zu bilden.

Es gibt aber auch Denkaufgaben, die mit Gags verbunden sind. Hier ein paar Kostproben, damit Sie sich in der Kneipe nicht allzu sehr langweilen, oder damit auch Sie einmal eine Wette gewinnen:

Na denn Prost!

Einen Pfennig kann man opfern. Also sagen Sie dem Wettenden, er solle einen Pfennig auf den Tisch legen und tun Sie dasselbe. »Um diesen Pfennig wette ich mit dir, daß ich dein Bier austrinke, ohne es überhaupt nur zu berühren. Ich darf auch keinen Strohhalm oder eine andere Hilfe benutzen – nur hier sitzen und das Bier austrinken.« Das geht gar nicht, denkt der andere. Nun gut, trinken Sie zügig sein Glas aus und geben Sie ihm den Pfennig – die Wette hat er gewonnen!

Tischklopfen

»Ich wette mit dir, daß du, unter dem Tisch sitzend, es nicht aushältst, wenn ich dreimal leicht mit dem Knöchel auf die Tischplatte poche. Ich mache da keine dummen Tricks wie treten, ich klopfe nur dreimal ganz leicht auf den Tisch. Wollen wir wetten?«

Wenn Sie den anderen endlich zur Wette überredet haben und er unter dem Tisch sitzt, dann klopfen Sie mit dem Knöchel leicht auf die Tischplatte – einmal, noch einmal – Pause. Das dritte Mal schenken Sie sich einfach. Wetten, daß Ihr Freund bald unter dem Tisch hervorkrabbelt? Er hält es nicht aus, auf das dritte Klopfen zu warten!

Hexerei

Bieten Sie den Leuten am Tisch zehn Mark an. Die bekommt der, der einen Zehn-Mark-Schein zwischen zwei leeren Colaflaschen hervorziehen kann, ohne daß die obere Flasche umfällt. Stellen Sie die Flaschen Öffnung auf Öffnung, dazwischen legen Sie den Schein. Wer nun ruckweise daran zieht, dem kommt die obere Flasche entgegengeflogen. Es gibt aber tatsächlich eine Möglichkeit, den Schein herauszuziehen: Nehmen Sie das freie Schein-Ende fest zwischen Daumen und Finger der einen Hand und schlagen Sie mit der anderen kurz und fest auf den Schein. Er rutscht hervor, ohne daß die Flasche umfällt. Am besten üben Sie aber zu Hause erst einmal!

Steh ich am Flipper...

Denken Sie sich die verschiedensten Situationen und Tätigkeiten aus, die gut zu spielen und witzig sind. Ihre Mitspieler machen es genauso. Dann spielt jeder sein kleines Sketch vor – mit Gestik, Mimik, es darf auch mal ein Wort gesagt werden, das sollte aber dann nicht allzuviel verraten.

Ziel des Spiels ist es einmal, einfach die Situation oder Tätigkeit, die vorgespielt wird, herauszufinden. Man kann aber auch durch eine solche Spiegelung einer Handlung einen Menschen charakterisieren – also von der Handlung auf den Menschen schließen.

Hilfsmittel dürfen nicht verwendet werden, nur Spielen ist erlaubt.

Ein paar Beispiele: Ein Jugendlicher steht am Flipper, rackert sich ab, flippt und ruckelt, drückt, hofft, bangt und wendet sich schließlich enttäuscht ab...

Eine Frau steht vor dem Spiegel und schminkt sich sorgfältig die Lippen, trägt Rouge auf, zieht die Augenbrauen nach, legt Lidschatten an...

Ein Straßenbahnfahrer besteigt mit seiner Aktentasche die Bahn, stellt sich den Sessel zurecht, klinkt seine Kasse ein, legt das Heft mit den Fahrscheinen auf die Ablage, schaut in die Rückspiegel, schließt durch Knopfdruck die Türen und gibt Gas...

Zur Sache, Schätzen!

Hier folgen nun zwei Seiten voller Aufgaben, die mit Denkkim zu tun haben. Schätzen Sie mal..., heißt es. Viele dieser Kniffeleien können Sie jetzt gleich versuchen zu lösen. Viele machen auch erst richtig Spaß in einer Gruppe. Noch viel mehr können Sie sich selbst einfallen lassen. So, nicht soviel reden, nun mal her mit den schweren Brocken:

Schätzen Sie die Zeit; wie lange ist eine Minute?

Füllen Sie in verschieden geformte Behälter Wasser. In welchem Gefäß ist das meiste, in welchem das wenigste Wasser?

Welche Schuhgröße hat X?

Welche Kragenweite hat Y? (Da gibt es doch noch mehr Größen und Weiten!)

Wie viele blaue Kleidungsstücke befinden sich im Raum?

Wie viele Knöpfe insgesamt?

Wie viele Leute haben Geldbörsen und wie viele tragen ihren Reichtum lose mit sich herum?

Wie viele Leute haben ein Taschentuch mit?

Wie hoch ist augenblicklich die Temperatur im Raum?

Wie viele Stufen hat die Treppe zum ersten Stock?

Wie viele Pfennige haben das gleiche Gewicht wie ein Markstück?

Wie viele Quadratmeter hat dies Zimmer?

Wie lange kann Z beide Arme ausstrecken, ohne daß sie sinken?

Wie viele Menschen im Raum haben das Sternzeichen Jungfrau, Waage und so weiter?

Wie viele Kinder haben alle Anwesenden zusammen?

Wie viele von den anwesenden Rauchern haben schon einmal versucht, es sich abzugewöhnen?

Was hat mehr Volumen, ein Pfund Kaffee oder ein Pfund Tee?

Wie viele Sonn- und Feiertage gibt es in diesem Jahr noch?

Wie viele Regentage gibt es im Jahresdurchschnitt in der BRD, auf Mallorca, am Südpol?

Wie viele Tisch- und Stuhlbeine befinden sich im Raum?

Wie viele Schritte kann man draußen vom Hauseingang nach Süden gehen, ohne anzustoßen?

Wie groß ist X?

Wie lang und breit ist dieser Tisch?

Wie viele Streichhölzer sind in dieser Schachtel?

Wie viele Pfennige gehen in ein Schnapsglas?

Wie schwer ist dies Buch?

Wie lang sind die Haare von Y?

Wie viele Leute im Raum können den Handstand?

Wie viele Anwesende haben heute noch keinen Kuß bekommen? (Nachholen!)

Wie viele Blätter hat diese Pflanze?

Wie viele Mitspieler wollen jetzt sofort eine Pause machen?

Gewichtig!

Haben Sie ein Ahnung, was ein Tischtennisball wiegt – und was ein Würfel?

Wiegt eine Kartoffel mehr als eine Apfelsine?

Füllen Sie in drei Schnapsgläser gestrichen voll einmal Mehl, dann Salz, dann Zucker. Lassen Sie die Mitspieler schätzen, was am meisten und was am wenigsten wiegt. Die Auflösung können Sie vor allen mit einer Briefwaage vornehmen.

Die Waage schafft so etwas noch ganz gut. Nehmen Sie doch einmal ein Gläschen mit Zucker in die rechte Hand und eines mit Salz in die linke. So, welches wiegt denn nun mehr?

Noch etwas zum Denken: Wenn Sie nur mit einem Bein auf einer Waage stehen, wiegen Sie dann gleich viel wie mit zwei Beinen – oder weniger? Na?

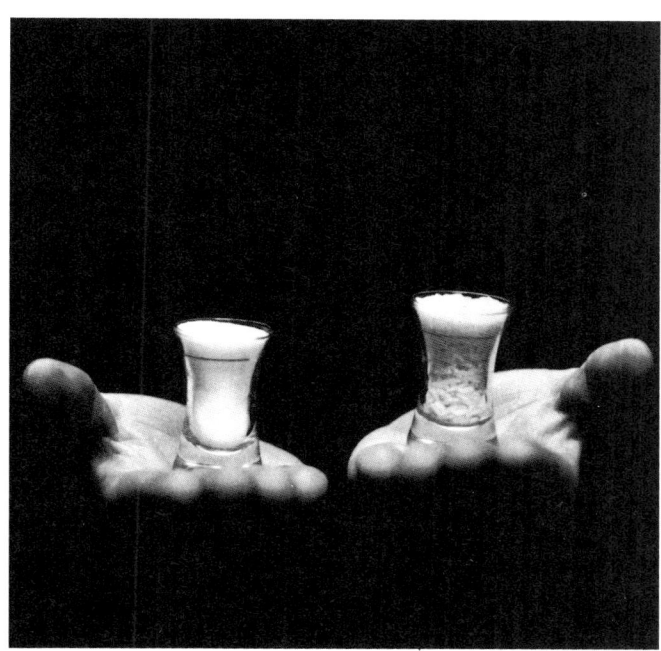

Denkquiz

Wo immer mit Wissen gespielt wird, könnte man auch das als Denkkim bezeichnen. In Neudeutsch gibt es dafür den Ausdruck *Quiz*. Gängige Fernsehsendungen sind auf diesem Prinzip aufgebaut, seien es nun das uralte Personenraten mit Lembke, die Montagsmaler oder Ratereien um ein Spezialgebiet.

Solche Spiele können Sie auch aus dem Stegreif selber spielen. Es sind gute Möglichkeiten, die Zeit totzuschlagen, wenn Sie eine schier endlose Bahnfahrt oder ähnliches zu bewältigen haben.

Denken Sie sich einfach ein Spielmuster aus und füllen Sie es mit bestimmten Gebieten. Nehmen wir einmal an, Sie wählen das Gebiet Geographie aus. Nun können Sie sich gegenseitig einfach Fragen stellen. Aber das ist ja noch nicht so spannend. Also fertigt jeder von ihnen etwa fünf Zettel an. Auf diesen stehen Fragen zur Geographie, nach Schwierigkeitsgrad mit Punkten versehen. Also

Hauptstadt von Belgien 1 Punkt

Vulkan in Süditalien 2 Punkte

Hauptstadt von Neuseeland 3 Punkte

Nebenfluß des Ganges 4 Punkte

3 Antillen-Inseln 5 Punkte

Ihr Gegenspieler muß drei der fünf Aufgaben lösen.

Er nennt also eine Zahl und bekommt die Frage vorgelegt. Kann er sie richtig beantworten, so werden ihm die vermerkten Punkte gutgeschrieben. Muß er passen, bekommt er gleich viele Minuspunkte. Am Ende eines Gebietes wird abgerechnet.

Spannend an dieser Art Quiz ist, daß sich der Spieler seinen Schwierigkeitsgrad selbst zuordnen muß. Glaubt er zum Beispiel, von Geographie nicht viel zu verstehen, so wählt er die ersten drei Fragen und hat danach vielleicht 6 Pluspunkte. Beim nächsten Gebiet, Musik etwa, fühlt er sich stark. Nun kann er zu den höheren Punktzahlen greifen.

Spielen Sie ruhig mehrere Runden, dann kommt Ihr Fahrtziel schnell näher. Vielleicht denken Sie sich ja noch ein besseres, weil spannenderes Grundmuster für Ihr *Unterwegsquiz* aus.

Erinnerungen

Bei vielen spielerischen Denkkim-Aufgaben bringt das Denken allein nicht ans Ziel – man muß schon vorher etwas wahrgenommen haben und sich daran erinnern können. Ein kleiner Test. Können Sie aus dem Stand sagen, welche Farben unsere wichtigsten Geldscheine (10, 20, 50 und 100 Mark) haben? Gut! Aber wissen Sie noch auch noch, welche Bilder diese Scheine auf ihrer Vorder- und Rückseite zeigen?

Sie wollen weiterspielen? Gut, bleiben wir erst einmal beim Geld. Machen wir doch einmal den Sortentest. Sie schreiben auf eine Seite des Zettels vor Ihnen Länder, dann auf die andere Seite daneben die Währungen – soviel Sie davon wissen. In Österreich gibt es außer den Schillingen auch noch eine kleinere Währungseinheit, ebenso in Belgien und Frankreich. Und wagen Sie sich auch an das nichteuropäische Ausland? Klar, wer kennt nicht Rupien. Aber mit was wird auf den Philippinen bezahlt?

Wissen Sie, welche Augensumme die jeweils zwei einander gegenüberliegenden Seiten eines Würfels zeigen? Wissen Sie, welche Nummer das Haus auf der anderen Seite Ihrer Wohnstraße trägt? Wissen Sie, wie viele Quadratmeter ein Hektar hat – und wie viele Kubikzentimeter ein Liter?

Lexikunst

Zu einer regelrechten Sucht ist bei manchen Leuten schon das Lexikonspiel geworden. Da es auch mit Denken, dazu aber mit viel Witz und guter Laune zu tun hat, wollen wir es so verspielten Menschen wie Ihnen nicht vorenthalten.

Man nehme ein Lexikon, schlage eine beliebige Seite auf und wähle einen Begriff. Diesen nenne man laut den Mitspielern. Jeder von ihnen ist mit Papier und Stift ausgerüstet – und schreibt nun die Bedeutung dieses Begriffes auf, am besten so, daß der Begriff diese Deutung durchaus haben könnte.

Auch derjenige der den Begriff ausgewählt hat, schreibt eine Deutung auf, und zwar die des Lexikons. Er sollte diese aber nicht ganz so gestochen ausgedrückt, ein wenig verändert notieren.

Nun sammelt der Aufgabensteller alle Zettel ein und liest die Deutungen in gemischter Reihenfolge vor. Dabei sollte er nicht allzu laut lachen. Auch sollte sich der, der den gerade vorgelesenen Unsinn verzapft hat, nicht verraten. Am Ende, sind alle Deutungen vorgelesen, wird abgestimmt, welche wohl die richtige sein mag.

Ein Beispiel. Ausgewählt ist der Begriff »Helix«. Folgende Deutungen wurden aufgeschrieben:

1. Hellster Stern im Zeichen Laudanum; wird von drei Planeten umrundet
2. Hochwirksame Helium-Gasmischung, wird für örtliche Betäubungen eingesetzt
3. Figur in Asterix und Obelix
4. Gattung der Schnirkelschnecken
5. auch »Helix falorum«; Bezeichnung Roms für die abnehmende Mondsichel

Was glauben Sie, welches die richtige Bedeutung war? Im Spiel stimmte je ein Spieler für die Lösungen 2 und 4, drei Spieler für die Lösung 5. Richtig war die Nummer vier!

Spielt das Wort

Zwei Spieler verlassen den Raum und denken sich einen Begriff aus, der aus zwei zusammengesetzten Begriffen besteht. Das können zwei Hauptwörter sein, etwa Ring-Finger, aber auch gemischte Wörter wie Unter-Tasse (noch schöner, wenn Ihnen gleich drei Begriffe einfallen wie etwa Unter-See-Boot). Jeder Spieler übernimmt einen Teilbegriff und überlegt sich, wie er diesen nonverbal umsetzen kann – Gestik und Mimik und Bewegungen sind erlaubt – in der schwierigeren Version fallen auch noch die Bewegungen weg. Nun werden diese Begriffe der Gruppe der Ratenden vorgespielt, entweder hintereinander (dann sollte mit Fingern gezeigt werden, ob der Begriff an erster, zweiter oder dritter Stelle im zusammengesetzten Begriff auftaucht) oder gleichzeitig.

Spielen Sie in einer größeren Gruppe, teilt man diese in zwei Halbgruppen. Jedes Team überlegt sich nun einige Begriffe. Dann kommen immer zwei Spieler des anderen Teams, holen sich einen Begriff ab und spielen ihn ihrem Team vor. Ist der Begriff gefunden, wird die Sache umgekehrt.

Wir haben hier einen solchen Begriff fotografiert. Kommen Sie darauf, finden Sie die Lösung (sie steht auch auf Seite 118)?

Denkschreibspiel

Ländereien

Kennen Sie das »Stadt – Land – Fluß...«? Jeder Spieler hat ein Blatt vor sich liegen, das in verschiedene Rubriken aufgeteilt ist. Ein Spieler tippt blind auf eine Buchseite. Mit dem getippten Buchstaben müssen dann alle Dinge beginnen, die man notiert. An Rubriken gibt es viele: Stadt/Land/Fluß/Tier/Pflanze/Name/Körperteil/Gebirge/Farbe/Persönlichkeit... Wer zuerst alle Rubriken gefüllt hat, ruft »Halt!« Die anderen dürfen nicht mehr weiterschreiben, es wird gezählt.

Für einen gefundenen Begriff gibt es zehn Punkte, hat ein anderer Spieler den gleichen Begriff gefunden, nur fünf. Hat jemand in einer Rubrik den einzigen Begriff gefunden, darf er sich 20 Punkte anschreiben.

Wir haben das Spiel ein wenig herumgedreht. Es werden wiederum Rubriken eingeführt, die sich jeder Spieler oben auf sein Blatt schreiben muß, etwa Speise/Klima/Landschaft/Getränk/Temperament... Ein Spieler denkt sich nun ein Land aus und benennt für die anderen in jeder Rubrik eine Eigenart des zu erratenden Landes. Beginnt das mit Spaghetti, ist das Land bereits geraten; es kann aber auch schwieriger werden. Wer zuerst das gemeinte Land errät, darf sich das nächste vornehmen.

Erschreibung eines Menschen

An einer Wand hängt ein größeres Stück Papier. Darauf sind die Umrisse eines Menschen gemalt, wie auf dieser Buchseite. Nun denkt sich ein Mitspieler einen Menschen aus. Er beginnt, in die Umrisse etwas hineinzuschreiben oder zu malen. Ist der zu Erratende etwa ein Mensch, der ganz seinem Gefühl, seinem Bauch lebt, schreibt man in die Bauchgegend »Dies ist sein wichtigstes Organ.« Ist der Betreffende Linkshänder, schreibt man in die linke Hand »Hier hat er's mehr als auf der anderen Seite.« Besitzt er ein besonderes körperliches Merkmal wie Brille oder Leberfleck, kann dies aufgemalt werden.

Wer die gemeinte Person errät, malt und schreibt einfach mit.

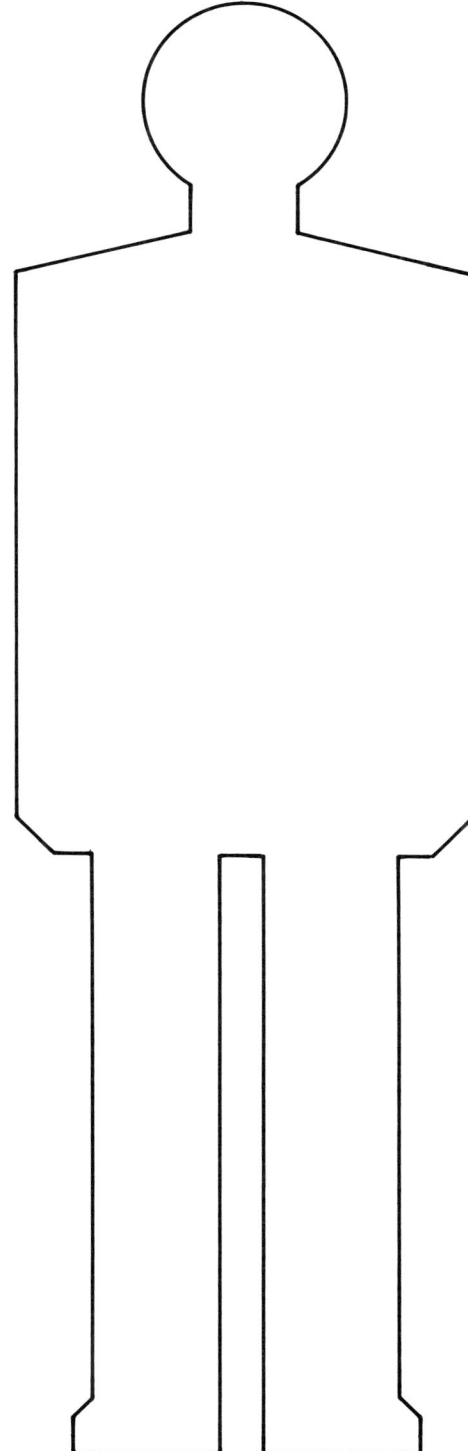

 # Mein Freund

»Mein Freund ist ein Tier. Es lebt leider im Zoo. Dabei gehört es doch eigentlich ins ewige Eis...« Schon schreien alle: »Der Eisbär!« Na ja, das war aber auch leicht.

Reihum denkt sich jeder Spieler etwas aus, das er beschreibt, aber ohne es zu deutlich zu machen. Das kann ein ganz besonderer Mensch sein, ein Tier, aber auch ein Gemälde, ein Musikstück, ein Haus, eine Landschaft, ein Buch...

Sie können »Mein Freund...« auch verändern. Schicken Sie einen Mitspieler vor die Tür und einigen Sie sich auf das zu Erratende. Der Mitspieler kommt wieder herein; reihum erzählt ihm jeder im Kreis ein Detail des zu erratenden *Freundes*.

Gestern – heute – morgen

Wie werden sich wohl die menschlichen Verhaltensweisen verändern? Wie waren sie eigentlich in der Vergangenheit? Ein Spiel mit Spaß, aber auch Hintergründigem möchte ich Ihnen hier vorstellen:

Ein Spieler, Spielerpaar oder eine kleine Gruppe verlassen den Raum und denken sich eine Verhaltensweise, eine Angewohnheit, eine Sitte aus. Diese wird so dargestellt, wie sie damals war, wie sie heute ist und wie sie morgen sein könnte. Das wird der Gruppe vorgespielt, die es erkennen soll.

Was man vorspielen könnte? Wir hatten bei den Fotos keine Gelegenheit, eine Bewegung deutlich zu machen, deshalb sind wir auf diese Szenen verfallen – erkennen Sie, was gemeint ist? Mit Bewegung ist das Spiel einfacher.

Beispiele: Wie aß man früher, ißt man heute, morgen?
Autofahren – ersten Kontakt aufnehmen – Sportliches – Musik hören – Tanzen...

 Teekesselchen

Pärchen und Drillinge

Kennen Sie das alte Spiel Teekesselchen? Zwei Spieler verlassen den Raum und denken sich einen Begriff aus, der in der deutschen Sprache zwei Bedeutungen besitzt. Standardbeispiele dafür sind

— der TON (das Geräusch/das Material)

— der TOR (Narr) und das TOR (Pforte, Fußballtor ...)

Die beiden Spieler kommen wieder herein und berichten von ihren Begriffen: Der erste sagt »Mein Teekessel hat etwas mit Hören zu tun.« Der zweite: »Mein Teekesselchen kann man formen!« Das geht so weiter, bis einer aus der Gruppe der Ratenden »Ton« ruft. Er darf dann mit einem Partner den Raum verlassen und sich ein neues Teekesselchen ausdenken.

Wir haben hier für Sie eine Menge von Begriffen gesammelt, die doppelte, dreifache, manchmal sogar vierfache Bedeutung haben. Knobeln Sie schön – Sie müssen ja nicht gleich heute alle 66 lösen!

1. Fanggerät – Türhalter
2. Berufstand – Spielfigur – Käfig
3. Glühkörper – Obst
4. Holzstück – Spielunterlage
5. Fluggerät – Fabeltier
6. Stoffschicht – Nahrung
7. Licht – Turnübung – Motorteil
8. Mundwerk – Öffnung
9. Anhängliches Wesen – Pflanzenfrucht
10. Abzeichen – Rechenzeichen – Spielkartenfarbe
11. Fußbodenbelag – Sportler
12. Mahlvorrichtung – Brettspiel
13. Beurteilung – Papiergeld – Tonzeichen
14. Übergang – Ausweis – Fußballbegriff
15. Tupfer – Notenzeichen – Satzzeichen
16. Markierungsklammer – Sportler
17. Gitter – Metallschaden
18. Textteil – Serie – Rückstand
19. Unbehagen – Niederschlag
20. Wegweiser – Schutz
21. Flexibles Rohr – Anstrengung
22. Knochen – Radteil
23. Stab – Etage – Traubenpflanze
24. Treffer – Narr – Eingang
25. Inhalation – Fahrzeug – Luftbewegung
26. Batterieteil – Einheit – Haftplatz
27. Bergwerk – Gebäck – Schuhteil
28. Fruchtknoten – Beglaubigung
29. Eisstück – Fisch – Erdrindenteil

30. Anstehende – Tier
31. Knieteil – Brotstück – Fensterteil – Schallplatte
32. Geschichtlicher Mensch – Weinglas
33. Straßenbelag – Verband
34. Zeitung – Stimme – Körperteil
35. Fingerteil – Stift
36. Ruhm-Symbol – Gewürz
37. Optisches Teil – Nahrung
38. Schnittpunkt – Züchtung
39. Brummschädel – Haustier
40. Tier – Leitungsstück
41. Zwirn – Seefahrtsmaß
42. Elegante Frau – Spielkarte – Spiel
43. Teppich – Bauwerk – Turnübung
44. Teil eines Schlagzeuges – Reinigungsgerät
45. Körperteil – mittellos
46. Spion – Versicherer
47. Weide – Quälender Traum
48. Clique – Zarte Beziehung – Billardtischteile
49. Insekt-Wunde – Gebäck
50. Besitz – Fußfläche – Hausoberraum
51. Kasus – Sturz
52. Satzzeichen – Befestigungsmittel
53. Münze – Baumteil – Hoheitszeichen
54. Fahnenhalter – Fütterung
55. Nähutensil – Pflanzenteil
56. Huftier – Turngerät
57. Sportgerät – Boxkampfplatz – Schmuck
58. Fessel – Glocke – Befestigung
59. Sportler – Spülungsteil
60. Nacktheit – Teil eines Bühnenstückes
61. Spielzeug – Veranstaltung
62. Insekt – Kleidungsstück
63. Krankheit – Wassertier – Sternzeichen
64. Teil des Ohres – Meerestier
65. Neupflanzung – Rücksicht
66. Bannung – Zahl

Sprüche klopfen

Vielleicht kennen Sie den alten Witz über die großen Schwierigkeiten von Preisausschreiben:

»Ergänzen Sie die fehlenden Buchstaben – Ohne Flei   kein Prei !«

Ganz so toll wollen wir es hier nicht treiben. Doch eine schöne, auch kreative Sache ist das Sprücheklopfen. Ein oder mehrere Dichterfürsten unter Ihnen bereiten das Spiel vor; sie denken sich Zweizeiler aus, von denen sie das Reimwort am Ende immer weglassen. Es muß von der Gruppe gefunden werden. Hier ein bißchen was zum Appetitanregen (die Punkte sind keine Angaben der Zahl der Buchstaben für die Lösungswörter; das wäre zu einfach).

Komm, wir spielen . . . .
das ist nicht weiter . . . .

Es war einmal ein . . . .
der gab ganz schrecklich . . . .

Ist es denn ein . . . .
nen Zöllner zu . . . .

Du glaubst nicht, wie er . . . .
er wußte, daß ich . . . .

Das letzte Sprüchlein war etwas sehr schwer (die Auflösungen stehen auf Seite 118: Also noch einmal, aber ein wenig leichter:

Hast du wieder keine . . . .
gibt es aber wirklich. . . . .

Also Spiele mit nem . . . .
sind nicht unbedingt mein . . . .

Komm auf meinen . . . .
ich glaub, du zierst dich . . . .

Kannst du mich wirklich nicht mehr . . . .
dann werd ich lieber von dir . . . .

Er stand wie eine deutsche . . . .
doch kurz darauf war er ne . . . .

Mein Sohn, das ist vielleicht ein . . . .
dabei die Tochter solch ein . . . .

Allerlei aus der Denkkiste

Kennen Sie mindestens fünf Kletterpflanzen?

AM BODEN ISTS EBEN – Welche Autokennzeichen der Bundesrepublik stecken in diesem Satz und zu welchen Orten gehören sie?

Nennen Sie drei Flughäfen mit dem Anfangsbuchstaben W.

Kennen Sie Länderflaggen, die genau gleich sind? Welche tragen die gleichen Farben?

(Auflösungen Seite 118)

Punkte

Hier finden Sie 16 Punkte, in vier Reihen zu je vier Punkten aufgeteilt. Können Sie mit einer einzigen Linie alle 16 Punkte einzeln umkreisen, ohne auch nur einen Punkt zweifach zu umkreisen?

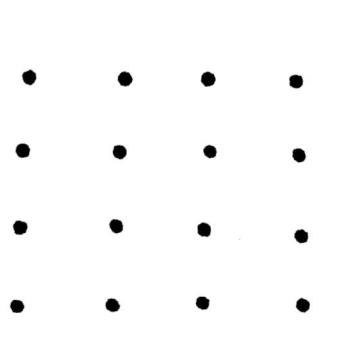

Striche

Hier finden Sie fünf Reihen mit Strichen. Spielen Sie mit einem Partner. Abwechselnd werden Striche durchgestrichen. Das dürfen beliebig viele sein, aber immer nur nebeneinander liegende aus einer einzigen Reihe. Wer den oder die letzten Striche durchstreicht, gewinnt. – Sie werden das Spiel so oft spielen, daß Sie lieber gleich Hölzchen nehmen, sonst füllen Sie ganze Hefte.

Zum Schluß

Wir haben das Ende des Buches erreicht. Hoffentlich hat Ihnen das eine oder andere Spaß gemacht. Bevor die Lösungen beginnen, hier noch ein paar kleine Anregungen:

Haben Sie nachts Lust auf ein kleines Spielchen und befinden Sie sich draußen im Gelände oder im Wald, dann geben Sie einem Spieler eine Taschenlampe. Er verschwindet in der Dunkelheit und läßt hin und wieder seine Lampe aufblitzen. Sie müssen dorthin laufen. Währenddessen ist er sicher wieder in einer anderen Ecke angelangt. Umkreisen Sie ihn!

Wie viele Wörter können Sie aufschreiben, die etwas mit Hören zu tun haben? Da gibt es eine gehörige Portion.

Für unsere vielen Gitarren-Virtuosen: Lassen Sie sich einen Satz Saiten reichen und bringen Sie diese in die richtige Reihenfolge vom hohen e bis zum tiefen.

In der Hoffnung, daß Sie viele neue Kimspiele entwickeln – Tschüs.

Lösungen

Seite 25: Streichholzbriefchen, Nagelkopf, Nudel, Kante eines Markstückes

Seite 43: Wir zählen 17 Sechser; und Sie?

Seite 70: Keiner der Flecken riecht nach irgend etwas!

Seite 77: Na, Regen!

Seite 93: Fußballspielerinnen

Seite 94: Otto mag alles, das so geschrieben wird wie er selbst – nämlich mit Doppelbuchstaben

Seite 107: Fliegenklatsche(n)

Seite 114:
Kim/schlimm
Mann/an
Verbrechen/bestechen
zechte/blechte
Zeit/Streit
Ball/Fall
Schoß/bloß
sehen/gehen
Eiche/Leiche
Bengel/Engel

Seite 115: Efeu/Wicken/Wilder Wein/Passionsblume/Zierkürbis
AM (Amberg) BO (Bochum)
D (Düsseldorf) EN (Ennepetal)
IS (Iserlohn) TS (Traunstein)
EBE (Ebersberg) N (Nürnberg)
Washington – Wien – Warschau
Niederlande – Paraguay – Südafrika/BRD – Belgien/Italien – Iran – Bulgarien/Äthiopien – Bolivien – Ghana – Guinea

Lösung des Bildes von Seite 45:

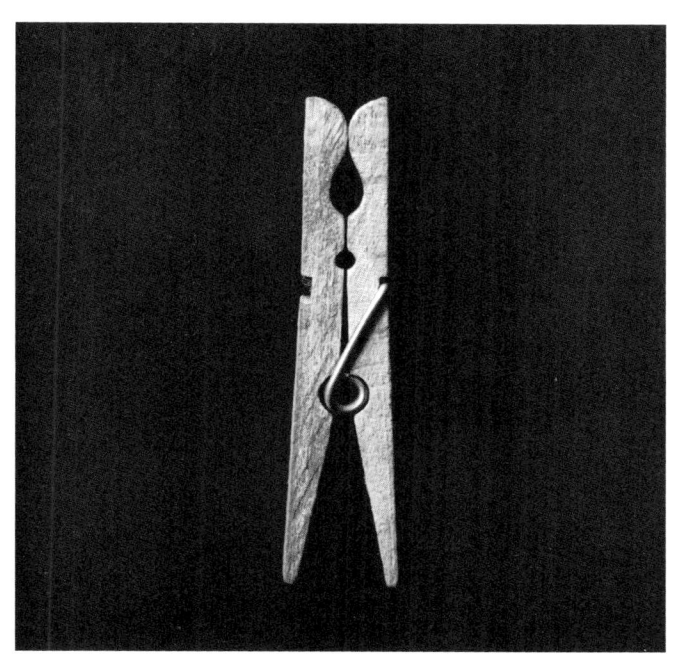

Teekesselchen von Seite 112/113:

1 Angel	20 Schild	39 Kater	58 Schelle
2 Bauer	21 Schlauch	40 Hahn	59 Schwimmer
3 Birne	22 Speiche	41 Faden	60 Akt
4 Brett	23 Stock	42 Dame	61 Ball
5 Drachen	24 Tor	43 Brücke	62 Fliege
6 Futter	25 Zug	44 Besen	63 Krebs
7 Kerze	26 Zelle	45 Arm	64 Muschel
8 Klappe	27 Stollen	46 Agent	65 Schonung
9 Klette	28 Stempel	47 Alp	66 Acht
10 Kreuz	29 Scholle	48 Bande	
11 Läufer	30 Schlange	49 Bienenstich	
12 Mühle	31 Scheibe	50 Boden	
13 Note	32 Römer	51 Fall	
14 Paß	33 Pflaster	52 Klammer	
15 Punkt	34 Organ	53 Krone	
16 Reiter	35 Nagel	54 Mast	
17 Rost	36 Lorbeer	55 Nadel	
18 Satz	37 Linse	56 Pferd	
19 Schauer	38 Kreuzung	57 Ring	

Hajo Bücken
FAXSPIELE
101 gute Gründe, das Faxgerät anzuschalten

110 Seiten mit zahlreichen Abbildungen und Vorlagen

Faxspiele – die völlig neue Art der Unterhaltung im Medienzeitalter. Mit Bekannten oder Wildfremden ins Spiel kommen. Suchspiel, Quick-Quiz, »7-Tage-Rennen« oder Schatzsuche – bei den Spielen geht es um Köpfchen, Schnelligkeit und Strategie. Faxvorlagen und klare Beschreibungen garantieren viel Spaß und neue Kontakte.

Hajo Bücken
KNOPFSPIELE
Geschick, Taktik, Kreativität, Kommunikation

112 Seiten mit vielen Fotos und Zeichnungen

Vom Zwirn befreit, verwandeln sich starre Knöpfe in buntes Spielzeug. Was man mit Knopf und Knöpfchen alles spielen kann, zeigt Hajo Bücken in zahlreichen Varianten. Knopfgolf, Knopfpoker, Knoulette – kein Knopf, mit dem man nicht mit Geschick und Kreativität ein Spielchen wagen könnte.

Reiner Knizia
NEUE SPIELE IM ALTEN ROM
Kämpfer, Denker, Wagenlenker
Illustriert von Franz Vohwinkel

Spieleschachtel mit Broschüre (128 Seiten), 4 doppelseitigen Spielplänen, 66 Spielkarten, 11 Figuren, 32 Steinen und 70 Chips

Eine spielerische Reise durch die faszinierende Welt des alten Roms. 14 neue Spiele des preisgekrönten Spieleautors Reiner Knizia, dem für diese Sammlung 1994 die »Essener Feder« verliehen wurde.

Eugen Oker
BILDERRÄTSEL
Rund um den Rebus
Beispiele, Anleitungen, Auflösungen

176 Seiten mit zahlreichen Abbildungen

Eine höchst unterhaltsame Gebrauchsanweisung zum Entziffern von Rebussen. Eugen Oker stellt einfallsreiche, witzige Bilderrätsel vor, zeigt die Lösungen auf und regt an, es auch einmal mit einem Rebus zu versuchen.

Stefan Wilfert
KREUZWORTKRIMIS
10 rätselhafte Fälle für Kommissar Kurt Zerow

96 Seiten mit 10 Zeichnungen

Eine völlig neue Idee: die Kombination von Krimi und Kreuzworträtsel. Ist der Krimi nicht zu lösen – im zugehörigen Kreuzworträtsel findet sich stets der Schlüssel. Stefan Wilfert hat Kommissar Zerow, 10 spannende Krimis und 10 vertrackte Kreuzworträtsel erfunden.

Wilfried Nold
SPIEL- UND THEATERAKTIONEN MIT KINDERN

120 Seiten mit zahlreichen Abbildungen

Spieleaktionen für Kinder zu jedem Anlaß: Straßenfeste, Theaterveranstaltungen, Fasnachtsumzüge, Weihnachtsspiele – ob im Freien oder im Raum, ob große oder kleine Gruppen; das Buch gibt eine Fülle von Anregungen für phantasievolle Spiele.
Genaue Anleitungen machen Herstellung des Zubehörs, Planung und Organisation der Aktionen kinderleicht.

HEINRICH HUGENDUBEL VERLAG